Doris Lerche

Einundzwanzig Gründe, warum eine Frau mit einem Mann schläft

Erzählungen

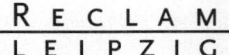

Besuchen Sie uns im Internet:
www.reclam.de

© Reclam Verlag Leipzig, 2002
1. Auflage, 2002
Erstmals erschienen 1993 im Fischer Taschenbuch Verlag
in der Reihe »Die Frau in der Gesellschaft«. Für die vorliegende
Ausgabe überarbeitet und erweitert.
Reclam Bibliothek Leipzig, Band 20027
Reihen- und Umschlaggestaltung:
Gabriele Burde | Kurt Blank-Markard
unter Verwendung einer Fotografie von Fontshop
Fotografie der Autorin auf der 4. Umschlagseite:
© Gabriele Dietrich
Gesetzt aus ITC Slimbach
Satz: Reclam Verlag Leipzig
Druck und Bindung: Reclam, Ditzingen
Printed in Germany
ISBN 3-379-20027-1

Inhalt

21 Gründe,
warum eine Frau mit einem Mann schläft

1. – weil er ihr leid tut
2. – weil es dazugehört
3. – weil er ein berühmter Verleger ist
4. – weil sie sich rächen will
5. – weil er so süß verklemmt ist
6. – weil sie eine emanzipierte Frau ist
7. – weil er sie schon sechsmal zum Essen eingeladen hat
8. – damit er keine andere vögelt
9. – weil nur ein einziges Bett vorhanden ist
10. – damit er nicht denkt, sie sei frigide
11. – weil die letzte Straßenbahn weggefahren ist
12. – damit er sie nicht verläßt
13. – weil sie Angst vor ihm hat
14. – weil sie Geld braucht
15. – damit er endlich Ruhe gibt
16. – weil ihr eine Freundin gesagt hat, daß er gut vögelt
17. – weil man sich nicht mit ihm unterhalten kann
18. – damit er glaubt, er sei ein guter Liebhaber
19. – weil sie testen will, ob er wirklich schwul ist
20. – weil ihr kein Argument dagegen einfällt

21. – weil sie Lust auf ihn hat

Das Bett

Sie hätte nicht zu ihm ziehen sollen. Dieses Schlafzimmer nahm ein Drittel seiner Wohnung ein und das ausladende Bett die Hälfte des Schlafzimmers. Ein Meter achtzig mal zwei Meter. Ein Ungetüm.

Aber nun kannten sie sich sechs Jahre, und Hubert war nicht der Mann, der sich's auf Dauer im Provisorischen gemütlich einrichtete. Immer wieder beklagte er die doppelten Mietkosten, die umständliche und zeitraubende Hin- und Herfahrerei und daß er sich als Besuch in der fremden Wohnung nie heimisch fühle. Die Verabrederei ging ihm auf die Nerven, er hätte es gerne natürlicher und selbstverständlicher gehabt.

»Ich denke, du bist meine Lebensgefährtin«, sagte er manchmal. Es sollte ironisch klingen. »Dabei sehe ich meine Arbeitskollegen öfter als dich.«

An ihrem fünfundvierzigsten Geburtstag sann Jasmin darüber nach, daß Hubert mit seinen einundfünfzig Jahren noch immer ein attraktiver Mann war und, ihres Zögerns müde, sich eines Tages in eine Zwanzigjährige verlieben und mit ihr eine Familie gründen würde.

So gab sie sich einen Ruck und teilte ihm mit, sie werde jetzt den von ihm gewünschten Schritt tun und den Alltag mit ihm teilen. Um die Sache endgültig zu machen und nicht mehr zurückzukönnen, kündigte sie umgehend ihr kleines Appartement, das sie nach dem Auszug der Kinder gemietet hatte, und setzte einen Teil ihrer Möbel zum Verkauf in die Zeitung. Sie vermied es, darüber nachzudenken, wie ein Leben mit Hubert aussehen würde, und füllte ihre Freizeit mit emsigen Tätigkeiten. Sie ließen die Wände streichen, hängten neue Lampen und Gardinen auf, rissen den alten Teppichboden heraus und verlegten Fertigparkett aus rosigem Ahorn, das die ganze Wohnung sonniger machte.

Das riesige altmodische Doppelbett, ein Relikt aus Huberts Ehe, wurde verkauft. Doch so rasch sie sich bei allen anderen Entscheidungen einig wurden, so schwierig gestaltete sich die Wahl des neuen Bettes. Sie wälzten Kataloge, betrachteten die bunten Reklamebeilagen der Tageszeitungen, durchforsteten Möbelgeschäfte und Kaufhäuser. Schon bei der Auswahl der Matratze begannen sie zu streiten. Jasmin schlief gern hart, Hubert bekam von harten Matratzen Rückenverspannungen wie damals auf den unbequemen Pritschen seiner Militärzeit. Jasmin wollte eine Federkernmatratze mit beidseitiger Kamelhaarauflage. Hubert hielt das für unnötigen Luxus, statt Kamelhaar könne man ebensogut Baumwolle nehmen, auch ein Naturprodukt. Und wozu einen Lattenrost mit verstellbarem Kopf- und Fußteil? Wichtiger fand Hubert eine Zusatzverstärkung des mittleren Lattenbereiches, der ja besonders strapaziert werde.

Nachdem sie für Matratze und Rost einen Kompromiß gefunden hatten, der beide unbefriedigt ließ, ging es mit dem Bettgestell von vorne los. Hubert hätte gern etwas Gemütliches aus Holz gehabt. Jasmin warnte vor giftigem Leim und Holzschutzmitteln, vor denen man nie sicher sei, und schlug ein Metallgestell vor, das Hubert gräßlich nüchtern erschien. Die Holzschutzmittel gaben den Ausschlag, und Hubert versuchte, das sachliche Metallgestänge durch die Wahl des Bettüberwurfs wettzumachen. Alles Gesteppte und Gerüschte begeisterte ihn und löste Jasmins Widerwillen aus: In einem Spießer-Bett, so wie ihre Eltern eins hatten, wolle sie nicht schlafen. Energisch verteidigte Hubert das elterliche Bett. Mit zwei Kopfpolstern, zwei Nackenrollen, zwei Nachttischchen, zwei Leselämpchen war es einfach unglaublich praktisch. Der kargen Matratzenzeit der siebziger Jahre hatte er nie etwas abgewinnen können. Für ihn war das traditionelle Ehebett der Inbegriff des gemeinsamen Glücks. Er strahlte, als das mächtige Möbelstück zusammengeschraubt und an seinen Platz gestellt wurde, während Jas-

min sich beklommen in die frisch gekachelte Küche ver-
drückte.

Nicht, daß sie Hubert nicht liebte. Im Gegenteil, er war eine
echte Erholung nach Götz, ihrem geschiedenen Mann. Wie
sie selbst unternahm Hubert ausgedehnte Wanderungen,
schätzte harmonische Abende vorm Fernseher, ging mehrmals die Woche in gepflegter Kleidung gepflegt essen, hörte
gern klassische Musik, bereiste mit Vorliebe ferne Länder, um
fremde Kulturen kennenzulernen – kurzum, sie stimmten in
den wesentlichen Dingen des Lebens überein. Hinzu kam, daß
er kein Hausmütterchen wollte, das ihn bediente, so wie Götz
es von ihr verlangt hatte. Götz, erfolgreicher Immobilienmak-
ler, immer in Eile, immer überarbeitet, war überzeugt gewesen,
ihr Job als Gymnasiallehrerin bestehe vor allem aus Schul-
ferien. Als die beiden Kinder aus dem Haus waren, trennten sie
sich endlich, und er heiratete umgehend seine junge Kollegin,
die bereit war, sich seinen Wünschen zu fügen.

Hubert zu lieben war eine Freude. Trotz seines aufreibenden
Berufes – er war Ingenieur für Fernseh- und Medientechnik –
nahm er sich Zeit für sie. »Ich habe aus meiner mißlungenen
Ehe gelernt«, sagte er. »Ich bin bereit, mich für die Beziehung
zu dir zu engagieren.«

Was konnte sie mehr verlangen von einem Mann?

Wenn doch nur das Bett nicht wäre. Mit Götz war dieser Bereich angenehm unkompliziert gewesen. Zwei-, dreimal pro
Jahr gelüstete es ihn, mit ihr zu schlafen, ansonsten befrie-
digte er sich auswärts – falls er überhaupt noch ein Verlangen
nach Weib hatte. Hubert konnte täglich, und nicht nur einmal.
»Herrlich, unsere Spielwiese!« seufzte er, als sie sich zusammen auf der neuen Matratze wälzten, auf dem doppelt ver-
stärkten Lattenrost, und er ihr leidenschaftlich das Nachtkleid
aus roséfarbenem Seidensatin über den Kopf zog. An ihre
Orgasmusprobleme hatte er sich gewöhnt. Nur wenn er sich
allzu wohlwollend abmühte, um ihr doch noch eine Gefühls-
steigerung abzugewinnen, schenkte sie ihm, um der Sache ein
Ende zu bereiten, den Anschein eines Höhepunktes. Am mei-

sten quälte Jasmin seine Arglosigkeit. Er glaubte fest daran, er tue ihr mit dem Sex etwas Gutes. Selbstbewußt präsentierte er ihr sein immer wieder anschwellendes Geschlecht, das sie nicht zurückzuweisen wagte. Wie sehnte sie sich nach ihrem Bett in der alten Wohnung, das auf keinen Partner eingerichtet gewesen war: knappe neunzig Zentimeter Breite. Immer, wenn sie die Nacht allein verbringen wollte, war die Ausrede leicht gewesen: Eins ihrer Kinder sei zu Besuch, sie habe noch aufzuräumen, eine schwierige Unterrichtsstunde vorzubereiten, sei erkältet, erschöpft, habe schlecht geschlafen … Doch jetzt gab es keine Möglichkeit mehr zu flüchten. Huberts kontrollierender Blick würde sich nicht mehr täuschen lassen. Sie mußte so lange mit ihm in dem breiten Lotterlager ausharren, bis er irgendwann eine frische, junge, sinnliche Frau fand, die ihn erotisch zufriedenstellte. So muß sich ein zum Tode Verurteilter fühlen, der den Termin seiner Hinrichtung nicht kennt, dachte Jasmin. Das Bett ist mein Schafott.

Die sparsamen Zärtlichkeiten außerhalb des Bettes konnte Jasmin genießen. Doch sobald Hubert nach dem Abendessen seine Krawatte lockerte, erfaßte sie Panik: Dann gruselte es sie vor seinem schwarzen Henkersbart, vor seinem schwarzen Bauchfell, vor seinem schwarzbepelzten Hintern. Wie ein Affe, dachte sie schaudernd. Wie konnte man nur einen so haarigen Hintern haben. Und dann diese Füße. Riesige Füße voller schwarzer Haare. Ihr war, als werde Hubert – kaum überschritten sie die Schwelle zum Schlafzimmer, kaum hatte er seine Armani-Jacke über die Stuhllehne gehängt, sein Hemd von Seidensticker zusammengelegt, die Schießer-Unterwäsche abgestreift – zum wilden Tier. Nicht, daß er brutal war. Ganz und gar nicht. Dann hätte sie einen Grund gehabt, sich gegen ihn zu wehren. Jede andere Frau, dachte sie bekümmert, wäre zerschmolzen in seinen Armen. Wie kalt ich bin. Wie unweiblich. Er hat schon recht, daß er mich bald verläßt.

Von Nacht zu Nacht gelang es ihr immer weniger, erotische Begeisterung zu heucheln. Ihr war, als werde sie, kaum berührte ihr Körper die schreckliche Matratze, von einer Lähmung ergriffen. Immer schwerer fielen ihr die Liebkosungen, die Hubert unbefangen von ihr forderte.

Morgens hielt es sie nicht lange im Bett. Bevor sie richtig wach war, sprang sie schon hinaus. Vorm Wochenende graute ihr. Hubert wollte gerade am Wochenende Stunden im Bett verbummeln, Jasmin gab vor, sich um die Unterrichtsvorbereitungen ihres Englisch-Referendars kümmern zu müssen, eines völlig verklemmten Burschen ohne jede pädagogische Begabung. Als seine Mentorin habe sie eine gewisse Verantwortung für ihn. Hubert freute das nicht. Aber für Arbeit hatte er mehr Verständnis als für Lustlosigkeit.

Ab und zu, wenn seine Laune gar zu schlecht wurde, gab Jasmin doch wieder nach, hoffend, das werde jetzt für ein paar Tage vorhalten.

Aber schon am Abend darauf spürte sie an der Art, wie er sie begrüßte – drängend, begehrlich, erwartungsvoll –, daß er schon wieder bereit war.

Schuldbewußt bemühte sie sich, tagsüber wiedergutzumachen, was sie nachts verweigerte. Sie trug ihm den Kaffee ans Bett, versorgte ihn mit seinen Lieblingsspeisen und kaufte ihm neue Socken, neue Unterhemden, neue Krawatten – aber nichts freute ihn. Er lief mit mürrisch gebogenem Mund herum und ließ sie spüren, wie unzufrieden er mit ihr war.

Und irgendwann – sie steht gerade vor dem Badezimmerspiegel und zupft ihre Augenbrauen – sagt er den tödlichen Satz: »Du bist wohl frigide.«

Sie antwortet nicht, sondern fährt fort, ihre Brauenhärchen zu zupfen, ganze Bündel nimmt sie zwischen ihre Pinzette und rupft und rupft, den Mund konzentriert gespitzt.

Kurz darauf hört sie die Wohnungstür klappen.

Es ist das erste Mal, daß er nachts nicht nach Hause kommt.

Sie liegt auf der breiten Matratze, hat den Kopfteil des Lattenrostes hochgestellt und versucht zu lesen. Aber es ist wie ein Staubgeflimmer vor ihren Augen, sie kann ihren Verstand auf keines dieser gedruckten Wörter konzentrieren. Sie legt das Buch beiseite und starrt in den Kleiderschrankspiegel am Fußende des Bettes. Ein grüblerisches Gesicht schaut sie an, blaß, mit kurzen dunklen Haaren, zwei kräftige Arme liegen brav über dem großen Deckbett. Es ist nicht einfach, ihren Atem an der Oberfläche zu halten, irgend etwas will unbedingt in die Tiefe, wo das Grauen sitzt. Nichts denken, nichts fühlen, ganz reglos bleiben, bis alles vorüber ist. Mutter, denkt sie, hilf mir, Mutter, und sie sieht ihre Mutter durch den Raum schweben, groß und stattlich, in hochgeschlossenem Festtagskleid, und sie neigt sich über das Bett, lächelnd wie eine sanfte Wolke, und neigt sich tiefer und wird dunkel und schwer und breitet sich auf ihrer Brust aus wie ein Alp.

Am Morgen, noch vor dem Frühstück, kommt Hubert. Seine Miene ist halb trotzig, halb schuldbewußt. Jasmin hat sich vorgenommen, ihm keine Szene zu machen. Doch kaum betritt er die Küche, bricht sie in Tränen aus. »Wie alt ist sie? Ist sie hübsch? Wie ist sie im Bett? Gefällt sie dir besser als ich?« All diese selbstmörderischen Fragen.
Miriam heiße sie, gibt er zu, gerade zwanzig und hübsch und vor allem offen für alle Varianten des körperlichen Glücks.
»Verläßt du mich jetzt?« weint sie.
»Warum?« sagt er bedächtig. »Dich liebe ich. Mit dir möchte ich mein Leben teilen.«
Als er sie um die Taille greift, wehrt sie sich nicht. Sie nimmt all ihre Kräfte zusammen, um ihm einen vollendeten Liebesakt zu bereiten, gewagter als jede Miriam.
Wie fremd er ihr war. Wie sie ihn haßte.
Aber hatte er nicht recht? Warum sollte er sich an ihrer Seite quälen?
Eine gesunde, normale, emanzipierte Frau – und natürlich hielt sich Jasmin für emanzipiert – ist eine sinnliche Frau mit einem gesunden Appetit auf Sex.
Irgend etwas stimmte nicht mit ihr, daß sie so gar kein Verlangen hatte nach dem Mann, den sie liebte.
Eigentlich ist dieser Sex nur dazu da, Kinder zu zeugen und Männer zu erfreuen, dachte sie. Ich bin schon genauso wie meine Mutter, der das männliche Verlangen ihr Leben lang eine Plage war. Ach, wie gut hatten es meine Mutter und

meine Großmutter, die durften sich wenigstens ohne Schuldgefühle eingestehen, daß Sex nichts für sie war. Die hatten Pfarrer, Priester, Bischöfe und die ganze heilige Kirche hinter sich, während ich allein dastehe auf der Welt. Sie konnten stolz auf sich sein und auf ihr fehlendes Verlangen. Je selbstloser sie sich opferten für Ehemann, Kinder, Familie, um so mehr waren sie Frau.

Auch ich habe der Welt unter Qualen bewiesen: Ich bin imstande, mich fortzupflanzen, bin keine taube Nuß, kein Blindgänger, wie meine Mutter zu sagen pflegte. Doch was nutzt es mir? Fruchtbar zu sein reicht heutzutage nicht mehr aus. Die Kinder sind fort, was habe ich noch zu bieten?

Einen durch zwei Schwangerschaften verunstalteten Körper, Hämorrhoiden, Tränensäcke, aus dem Kinn sprießende Hexenhaare. Seltsam, daß Hubert mich begehrt, vielleicht hat er mich nie genau angeschaut mit seinem unermüdlichen Trieb, der immer direkt in mein Innerstes will, der sich tief in mir einnistet, um sich dort wohl zu fühlen, um für immer drinnen zu bleiben, ihn interessiert meine Haut nicht, ihn reizen nur die Einstülpungen, die Stellen, wo ich nach innen wachse, meine Eingeweide, dort, wo es gefährlich wird, dort richtet er es sich gemütlich ein. Ich möchte mich abschließen, keinen hineinlassen in mich, gruselig war's mir, als die beiden fremden Tierchen in mir wuchsen, sich von mir ernährten, von meinem Blut, Frühgeburten waren sie beide, ich wollte sie loswerden, aber sie ließen sich nicht so einfach abschieben, sie krallten sich fest in mir, und wir kämpften, unter Blut und Geschrei trennten sie sich von mir. Ich war nur noch ein lappigleerer Sack. Was ist da mit meinem Körper, daß er für andere so heimelig ist? Mir ist er eher eine Last mit seinen Monatswehwehchen, mit seinen Blasenentzündungen, mit seinen Verspannungen, mit seinem Hang zum Dickwerden. Im Bett, beim gnadenlosen Schein der Halogenlampe, zeigt sich mein Körper in seiner ganzen Mangelhaftigkeit, das Bett ist ein Ort der Prüfung, der schlechten Noten, des peinlichen Mißlingens, der tödlichen Einsamkeit.

Aber in der Schule, dachte sie, fühle ich mich wohl. Die Schule

14

ist ein Bereich, wo ich mich entfalten kann. Die Schüler halten Disziplin, ohne daß ich schreien muß.

Wie unbeholfen war dagegen Donald Hartfeger, ihr Englisch-Referendar. Von der letzten Bankreihe aus konnte sie ihn in Ruhe beobachten, eine überlange Gestalt mit knochigen Händen, die er unentwegt knetete vor lauter Nervosität. Den dürren Hals reckte er, als sei ihm der Kragen zu eng, alle paar Sekunden nach oben. Beim Sprechen zuckte und vibrierte sein großer hervortretender Adamsapfel. Wenn ihn die pubertierenden Schüler mit Schlüpfrigkeiten provozierten, geriet er gleich ins Stottern. Grausam, dachte Jasmin, wie ich hier sitze und ihn zappeln lasse und auf Fehler lauere.

Als sie ihn in der Pause auf seine Unsicherheit ansprach, erzählte er ihr treuherzig, er sei schon enorm locker geworden. Als Junge habe er jahrelang kein Wort geredet. Je mehr man ihn in der Schule unter Druck setzte, um so sturer wurde er. Im Schriftlichen sei er gut gewesen, so konnten sie ihn die Klasse nicht wiederholen lassen, obwohl sie es gern getan hätten.

Sein plötzliches Vertrauen störte Jasmin. Ich sollte Abstand zu ihm halten, dachte sie, ich werde Ärger kriegen, wenn ich zu nachsichtig mit ihm bin.

»Sie wirken«, sagte sie, »wie ein verklemmter Streber aus kleinbürgerlicher Familie.«

Er errötete.

»Die Schüler äffen Sie schon nach«, fügte sie boshaft hinzu.

»Schüler merken jede Schwäche«, murmelte er.

»Ich auch«, sagte sie streng. Er schaute sie schräg von unten her an, als erwartete er eine Ohrfeige.

»Möchten Sie meinen Kommentar zu Ihrem Unterricht hören?«

Er nickte zerknirscht.

»Dann lassen Sie uns essen gehen«, sagte sie fröhlich, »da können wir in Ruhe diskutieren.«

Sie habe einen Thailänder entdeckt, der seine Speisen mittags zum halben Preis anbiete. Als Referendar habe er sicher nicht viel Geld.

Donald war einverstanden.

Sie hielt ihm einen kleinen Vortrag über seine didaktischen Fehler: Er komme oft vom Eigentlichen ab, habe die Stunde nicht im Griff, lasse sich zu sehr von den Schülern dirigieren. Dabei sei es seine Aufgabe, sie zu bestimmten Lernzielen hinzuführen. Er hörte ihr demütig zu und widersprach nicht. Um ihm aus seiner Zaghaftigkeit herauszuhelfen, erzählte sie ihm von ihrer eigenen Referendarzeit, die zwanzig Jahre zurückliege, von ihren Schwierigkeiten mit Lehrstoff und Disziplin und wie man allmählich Routine bekomme.

»Darf ich rauchen?« fragte er.

»Wenn es sein muß.«

»Ich beherrsche mich schon die ganze Zeit.«

Verächtlich betrachtete sie ihn, wie er mit seinen langen knochigen Fingern die Zigarettenpackung aufriß, eine Zigarette herauszog, mit dem einen Ende auf den Tisch klopfte und sie zwischen die schmaler werdenden Lippen schob.

»Blasen Sie mich nicht an«, mahnte sie, »dann tränen mir gleich die Augen.«

Er beobachtete, wohin der Rauch zog. Sie mußten die Plätze tauschen.

»Ich weiß«, murmelte er, »ich habe zum Lehrerberuf kein Talent. Es macht mir nicht die mindeste Freude, vorn am Pult zu stehen und den Schülern Dinge einzubleuen, für die sie sich nicht interessieren.«

»Das habe ich nicht gehört«, rügte sie. »Ich bin Ihre Mentorin, nicht Ihre Therapeutin. Machen Sie mir bitte keine weiteren Geständnisse dieser Art.«

Er sah sie hilflos an. »Aber Sie wirken so wohlwollend, bei aller Selbstsicherheit, die Sie ausstrahlen.«

Sie versuchte zu verbergen, wie sehr sie dieses Kompliment freute.

»Aber manchmal«, fuhr er fort, »fürchte ich Sie auch. Wie Sie stumm dahinten sitzen mit Ihrem rabenschwarzen Haar.«

»Ich habe es gefärbt«, sagte sie ruhig. »Von Natur bin ich schon lange grau.«

Jetzt kam natürlich, was kommen mußte: »Sie sehen noch so jung aus.«

»Ich bin noch jung«, sagte sie trocken. »Im übrigen sollten Sie sich auf den Unterricht konzentrieren und nicht auf meine Haare.«

Er rauchte ein paar heftige Züge, drückte die Zigarette aus und schob den Aschenbecher aus Jasmins Reichweite.

Das Essen war gut und reichlich.

»Essen Sie nicht so schnell«, mahnte sie. »Genießen Sie.«

»Ich bin nervös«, sagte er.

»Was macht Sie nervös?«

Er lachte kurz auf, ohne zu antworten, und stopfte sich den Mund übervoll.

»Sie schieben schon den nächsten Bissen nach, wenn Sie den ersten noch nicht runtergeschluckt haben«, stellte sie fest.

»Beim bloßen Zuschauen vergeht mir der Appetit.«

Er legte das Besteck an den Tellerrand.

»Sie sind unmöglich gekleidet«, fuhr sie fort.

Welcher Teufel reitet mich, dachte sie, mit ihm wie mit einem Kind zu reden.

»Dieses beige-braunkarierte Hemd, grauenhaft, und dazu die blaue Konfirmandenhose. Sie sehen wie eine Karikatur aus, wenn Sie wenigstens eine kleidsamere Brille ...« Welcher Teufel reitet mich ... Seltsames mittelalterliches Bild, das man so arglos gebraucht, dachte sie, der Teufel reitet mich, ein Bild dämonisierter Sexualität aus den Zeiten der Hexenverfolgung.

»Ich bin in modischen Dingen ungeschickt«, er wand sich verlegen. »Diesen Anzug hat mir vor Ewigkeiten meine Mutter gekauft. Die Brille trage ich seit über zehn Jahren.«

»So sieht sie auch aus«, sagte sie erbarmungslos. »Sie brauchen kräftige Farben. Ihre ganze Erscheinung ist zu bläßlich.«

»Ich lasse mich gern von Ihnen beraten«, murmelte er, »Brille und Hemd könnte ich mir diesen Monat noch leisten.«

»Und passende Socken«, sagte sie.

»Gut, und Socken.«

Warum eigentlich nicht? Für Hubert Kleidung zu kaufen machte keine Freude. Zu ausgeprägt war sein Geschmack, als daß er sich von ihr in diesen persönlichen Dingen beeinflussen ließe. Sie schaute auf die Uhr. Zwei Stunden hatte sie noch Zeit, dann kam Hubert nach Hause.

Sie begannen mit der Brille. Blind und zwinkernd probierte er ein Gestell nach dem anderen. Jasmin suchte ein rauchgraues Modell aus, passend zu seinen Augen. Er vertraute sich ihr völlig an, ihrem Geschmack, ihrem Urteil. Schade nur, daß er die Brille erst fünf Tage später abholen konnte.

Danach besuchten sie Oliver, Jasmins schwulen Friseur, den besten des ganzen Stadtviertels. Er bediente Männer und Frauen gleichermaßen und hatte lange Wartelisten, denn für jeden Kunden nahm er sich Zeit. Billig war er nicht. Aber dafür wurde man mit Sekt und Kaffee und Tratschgeschichten verwöhnt.

Oliver, der gerade dabei war, Lockenwickler festzustecken, hob die Brauen: »Wer hat denn an Ihren Haaren herumgepfuscht?«

»Schlimm, nicht?« Jasmin reckte sich hoch und fuhr mit der Hand in Donalds dicken Haarschopf, wie man in eine Ware greift, um sie vorzuführen. »So kann man ihn doch nicht herumlaufen lassen!«

Oliver stülpte die Trockenhaube über den Kopf seiner Kundin. »Kommt nach Feierabend vorbei!«

Nun war das Hemd an der Reihe. Jasmin führte ihren Referendar in die noble Herrenboutique, in der Hubert gerne einkaufte. Sie lüpfte den Vorhang der Umkleidekabine, um Donald ein halbes Dutzend Seidenhemden zu reichen, und erhaschte einen Blick auf sein biederes weißes Rippunterhemd. Nachdem sie Donald Hemden in Petrolgrün und Rostrot – »das sind genau Ihre Farben« – ausgesucht hatte, gemustert wie abstrakte Gemälde, kam sie mit einem Stapel Jeans und drängte ihn zur Anprobe. »Ich strecke Ihnen das Geld vor«, sagte sie, als er zögerte. »Sie sind ein Jeans-Typ«, behauptete sie dann. »Alles andere sieht spießig an Ihnen aus.«

»Sie reden, als kriegten Sie Provision«, sagte er.

Tatsächlich standen ihm die engen anthrazitfarbenen Jeans, die sie ihm aussuchte, hervorragend.

18

»Die können Sie sogar im Unterricht tragen«, sagte sie. »Die Schüler werden begeistert sein.« Sie nahm die Plastiktüten an sich und setzte hinzu: »Besonders die Schülerinnen.«

Passende petrolfarbene Socken waren kein Problem. Aber nun hatte es Jasmin auf seine weiße Rippunterwäsche abgesehen. Diesmal machte sie keine Umstände und schlüpfte wie selbstverständlich zu ihm in die Kabine, um ihn vom Nacken bis zum Schenkel mit fachmännischem Blick zu mustern.

»Warum tragen Sie diese abstoßende Unterwäsche?«

»Sie ist bequem«, stammelte er. »Ich habe mir noch nie Gedanken um meine Unterwäsche gemacht.«

»Und Ihre Freundin?«

»Ich habe keine Freundin.«

Sie ging hinaus, durchwühlte die Angebote und reichte Donald ein Bündel Slips und Hemden durch den Vorhang.

Er zeigte sich ihr in jedem neuen Set.

»Boxershorts«, sagte sie befriedigt. »Ich wußte es. Nehmen Sie gleich vier Paar zum Wechseln.«

Trotz seines Protestes zahlte sie.

Nachdem er neu eingekleidet war, führte sie ihn zurück zum Friseur. Sie schaute zu, wie Oliver das Haar anfeuchtete, es nach hinten kämmte, mit Schere und Rasierapparat bearbeitete und schließlich trockenfönte.

Wohlgefällig betrachtete sie das Ergebnis: Aus einem englischen Internatsschüler war ein modischer Dandy geworden.

Zu Hause wartete Hubert schon auf sie. Er war nicht gewöhnt, daß sie fort war, wenn er kam. Sie sagte beiläufig: »Ich war noch in der Stadt mit einer Kollegin«, seltsam, wie wohltuend ihr die Lüge über die Lippen ging, »sie ist so ungeschickt im Auswählen von Kleidung und bat mich, ihr zu helfen.«

Er schien zufrieden.

Jasmin und Donald gewöhnten sich an, mittags nach dem Unterricht aufeinander zu warten und beim Thailänder zu essen. Sie zeigte ihm, wie man mit Stäbchen ißt. »Das zwingt zum Langsam-Essen«, sagte sie lächelnd, legte die Stäbchen in seine Hände, die kaum merklich zitterten, spürte seinen verhaltenen Atem an ihrer Schläfe.

Als er eines Tages feststellte, die täglichen Restaurantbesuche gingen zu sehr ins Geld, und zugleich ablehnte, sich von ihr einladen zu lassen, schlug sie rasch vor: »Dann kaufen wir Gemüse und Fleisch und essen bei Ihnen zu Hause.«

Er schien erschrocken, fügte sich aber und murmelte: »Ich hab' nicht aufgeräumt.«

Sie mußten bis unter die Dachschräge hinaufsteigen, Jasmin keuchte, als sie endlich oben waren. Umständlich kramte er nach dem Schlüssel. Drinnen riß sie alle Fenster auf, so muffig roch es.

»Nicht in die Küche!« warnte er. Da stand sie auch schon vor einem Stilleben von Mülltüten, Flaschen, zerbröselten Keksen, Tabakresten, verfaulten Tomaten, zerknüllten Briefumschlägen.

»Nicht sehr einladend«, sagte sie kühl.

»Setzen Sie sich«, flehte er und holte den Mülleimer. Mit dem Unterarm fegte er den Abfall zur Tischkante hin und ließ ihn vorsichtig in den Eimer gleiten. Nachdem er die Tischplatte saubergewischt hatte, nahm Jasmin Platz.

»Ich habe nie Besuch«, entschuldigte er sich und begann, das schmutzige Geschirr ins Waschbecken zu stapeln. »Da verwahrlost man.«

Fasziniert und angewidert beobachtete sie ihn. Wie er sie so steif dasitzen sah, rief er: »Sie machen mich ganz verlegen, gehen Sie rüber ins andere Zimmer.«

Sie schlendert durch die Wohnung, weit und breit kein Bett. Oder zumindest kein erwartungsvoll aufgeklapptes, das gleich zuschnappen würde wie eine Falle. Nur ein kleines Sofa mit abnehmbaren Polstern. Sehr schmal zum Schlafen und sehr kurz, sie stellt sich vor, wie seine Füße nachts über den Rand hängen. »Ist das Bettsofa nicht ein bißchen klein?« schreit sie durch die offene Küchentür. Er stottert: »Für eine Person reicht es.« – »Ich meine doch, in der Länge«, schreit sie. – »Ich schlafe immer mit angezogenen Beinen«, stottert er.

Als die Küche halbwegs sauber ist, breitet sie die gekauften

Lebensmittel aus: Gemüse, Seelachsfilet, Kartoffeln. Sie kocht gern, wenn sie es nicht jeden Tag muß.

Sie gibt Anweisungen. Hubert mag nicht, wenn sie ihm befiehlt. Er ist beleidigt, wenn sie in seine Tätigkeiten eingreift, wenn sie andere Vorstellungen hat als er. Schnell glaubt er sich kritisiert und in Frage gestellt. Donald aber schneidet brav die Zwiebeln in kleine Stückchen, fragt, ob sie klein genug sind, fragt, welchen Topf er nehmen solle und wie viele Kartoffeln und wieviel Wasser für die Kartoffeln. Jasmin fühlt sich verwöhnt von ihm, obwohl sie ja diejenige ist, die kocht.

Nach dem Essen nehmen sie einen Drink, er hat schottischen Whisky da, sie sitzt auf seiner Couch mit den Polstern, er sitzt auf einem harten Stuhl, dessen aufrechte Lehne ihn zu aufrechtem Sitzen zwingt. Plötzlich hat sie den Wunsch, daß er die steife Haltung aufgibt, daß er sich neben sie hinräkelt. Nicht ganz dicht, aber doch näher als jetzt, keinen Tisch zwischen sich, sondern Luft, die man verringern oder erweitern kann, je nach Bedarf. Aber wie soll sie ihn dazu bringen, sich zu ihr auf die Couch zu setzen? Sie hat Angst, daß er glaubt, sie wolle ihn zum Geschlechtsakt einladen. Daß sie Erwartungen weckt, denen sie gerade zu entkommen sucht. Daß sie einen Hubert aus ihm macht, der gleich zugreift, der nicht warten kann, der sich keine Gelegenheit entgehen läßt.

Als sie Donald auffordert: »Setzen Sie sich her zu mir! Die Couch ist bequemer als Ihr Stuhl«, da soll es unverfänglich lässig klingen. Aber weil sie soviel gegrübelt hat, klingt es genauso verlogen wie bei Hubert, wenn er Aufdringlichkeiten im Sinn hat. Dabei will sie gar nichts von Donald. Nichts. Ein bißchen Nähe, um ihn genauer anschauen zu können. Das ist alles.

Aber Donald greift nicht zu, sondern erhebt sich widerwillig, endlos lange braucht er, bis er seinen ungelenken Körper vom Stuhl losgerissen und sich in den Couchwinkel hineingequält hat. Er hält die Augen niedergeschlagen wie eine Jungfrau.

Eine wütende Lust kommt sie an, ihn aufzuscheuchen, ihn zu verwirren, ihn zu unüberlegten Handlungen zu provozieren.

Ehe sie über das Für und Wider nachsinnen kann, beginnt sie, sich die Bluse aufzuknöpfen, routiniert, so wie es Hubert gern hat, aber mit gespannter Erwartung, denn bei Donald weiß sie nicht, was kommt. Bei Hubert läuft immer alles wie am Schnürchen ab. Selten überrascht er sie mit einer ungewohnten Liebkosung. Jasmin hat oft den Eindruck, als baue er sie in ein altbewährtes Liebesschema ein, in dem unvorprogrammierte Wünsche nicht vorgesehen sind. Ganz zu Anfang, als sie sich noch nicht lange kannten, hat sie zaghaft versucht, ihn zu unterbrechen oder zu Zärtlichkeiten zu animieren, von denen sie sich angenehme Gefühle versprach. Aber er preschte souverän über ihre zagen Einwände hinweg mit der vitalen Zielstrebigkeit eines Mannes, der gewohnt ist, eine Frau durch die Potenz seines Willens mitzureißen. Einmal hat Jasmin gewagt, ihn um eine Massage zu bitten. »Nur so«, sagte sie, »ohne, daß hinterher gevögelt werden muß.«
Aufgebracht hielt er ihr vor, sie sei grausam wie alle Frauen, wolle ihn scharfmachen, um ihm anschließend das Eigentliche zu verweigern. Die Massage unterblieb.

»Schauen Sie mich an«, sagt Jasmin. Sie ist stolz auf ihre schönen Brüste. Donald hebt langsam die Lider, während ein tiefdunkles Rot aus seinem Hemdkragen aufsteigt. Er soll mich anfassen, denkt Jasmin, was sitzt er da und glotzt wie eine Nonne, der man einen Hard-core-Porno vorführt.
Ihre Frechheit mischt sich mit Scham, wie sie dasitzt, halbnackt in der schmuddeligen Wohnung eines zum Dandy herausgeputzten Musterschülers, dem sie ihre Brüste anbietet, und er scheint sie nicht zu wollen. Ihr Zorn ist stärker als ihre Scham. Energisch greift sie sein Handgelenk und legt sich seine kühle Handfläche an eine der freigelegten Brüste.
Er stottert vor Aufregung: »Ich hatte lange keine Frau … ich weiß nicht, ob ich überhaupt noch …«
»Aber Sie müssen doch nicht mit mir schlafen!« ruft sie fröhlich erleichtert aus, »Sie müssen überhaupt nichts tun. Sie müssen mich auch nicht anfassen, wenn Sie nicht mögen.«

Da strafft sich sein Körper bis in seine Hand hinein. »Einen schönen Busen haben Sie«, sagt er träumerisch. »Aber Sie haben doch Kinder gestillt?«

»Zwei«, sagt sie stolz. Da ruft er erschrocken: »Was ist das? Was haben Sie da gemacht?« Entsetzt betrachtet er die feinen Narben in den Falten unterhalb der Brüste.

»Gute Arbeit, nicht?« sagt sie stolz. »Götz, mein erster Mann, hat mir diesen Chirurgen besorgt. Er mochte meine schweren Brüste nicht. Vor der ersten Geburt waren sie wenigstens noch straff, aber nach dem zweiten Kind ...« Sie schiebt zufrieden den Oberkörper vor, damit Donald das Werk des Arztes von allen Seiten begutachten kann. »Jetzt bade ich wieder ohne Bikinioberteil. Nach den Kindern habe ich mich geniert.«

Donald beugt sich über die ganze Länge des Sofas zu ihr hin, betrachtet ihren Busen voller Mitgefühl, streicht wie zum Abschied ehrfürchtig mit den Fingern über die zarte Haut und zieht sich wieder in seinen Couchwinkel zurück.

Jasmin knöpft die Bluse zu, durch ihren Körper pulsiert zufriedene Wärme. »Ich muß los. Hab' noch Klassenarbeiten durchzusehen.«

Hektisch springt er auf. Sie stehen voreinander, ratlos, wie sie sich verabschieden sollen. Jasmin hält ihm die Hand hin, die er schüttelt. »Bis morgen.«

Sie kurvt mit dem Wagen noch eine Weile in der Stadt herum, parkt direkt neben dem Parkverbotsschild, rennt fröhlich überdreht durch die Fußgängerzone, weiß nicht, wohin mit soviel Energie, will etwas Verrücktes tun, ißt ein dickes Eis. Kauft zwei dicke Blumensträuße, Versöhnungssträuße wie früher für die Mutter, die nie zufriedenzustellen war, wenn die Tochter nicht ganz und gar aufging in ihr, die jedes Geschenk, das Spuren der Tochter enthielt, mit bitterem Vorwurf entgegennahm. Die nur sklavische Fügsamkeit glücklich machte, für einen Moment.

Hubert wartet schon, als sie kommt. Über die Blumensträuße freut er sich nicht. Aber über sie, daß sie endlich zu Hause ist. Er preßt sie an sich. Ihr Körper, der eben noch warm pulsierte, erstarrt. Behutsam macht sie sich frei.

»Wir haben seit drei Wochen nicht mehr miteinander geschlafen«, sagt er vorwurfsvoll. Wie genau er das registriert! Und wieder beginnt eine ihrer unerfreulichen Auseinandersetzungen über ihren Mangel an Lust. Zweimal die Woche hatte schon Martin Luther als einen für beide vertretbaren Kompromiß empfohlen. Hubert ist ein heißblütiger, ein leidenschaftlicher, ein normaler Mann, er braucht den Sex, wie er seine Morgenzeitung braucht, aus Liebe hält er sich wochenlang zurück, zügelt er seinen unbeherrschbaren männlichen Trieb. Und sie? Was tut sie? Sie zeigt Donald ihre nackten Brüste.

Sie wehrt sich nicht, als Hubert sie ins Schlafzimmer zieht. Sie ist froh, daß es so schnell geht. Aber hinterher bittet sie ihn um eine Zigarette.

»Du rauchst doch sonst nicht.«

»Heute ja.«

Glücklich streicht er ihr die Haare aus dem Gesicht. Wie leicht es ist, ihn glücklich zu machen.

Sie muß nur jedes unüberlegte Wort, jede unbedachte Geste meiden, jede eigene Regung aus ihrem Körper löschen. Sie muß nur spüren, was er spürt, wollen, was er will. Sie muß sich nur ganz und gar auf ihn, auf sein Glück konzentrieren.

Doch als sich sein schwarzbehaarter Arm über ihren Bauch legt, als gehöre ihr Bauch ihm, da graust es sie plötzlich bei der Vorstellung, die nächsten zwanzig, dreißig Jahre mit Hubert in einem Doppelbett verbringen zu müssen. Ob sein Trieb mit sechzig ein wenig nachließe? Vermutlich würde er eins der zahllosen Mittelchen verwenden, die Potenz bis ins hohe Alter versprechen. Für wen wollen die Männer eigentlich potent bleiben, denkt Jasmin. Für ihre Frauen? Jasmin kennt nur Frauen, denen der nimmermüde Trieb ihrer Ehemänner lästig ist. Für wen also? Für sich selbst? Stört es sie gar nicht, eine angestrengte Frau unter sich zu wissen, die die Dinge bestenfalls über sich ergehen läßt, genau wie vor hundert Jahren? Stört es sie gar nicht, im Puff gegen Geld zu vögeln und sich einreden zu lassen, es sei aus Geilheit? Warum geben sie sich so leicht mit ein bißchen Theater zufrieden?

Wollen sie es vielleicht gar nicht anders?

Und sie selbst? Hat sie nicht gewußt, was sie erwartete, als sie mit Hubert zusammenzog? Hat sie ernsthaft geglaubt, der sexuelle Drang verliere sich mit der Zeit, wie die Illustrierten behaupten? Warum hat sie sich keinen anderen Mann gesucht? Sicher gibt es eine Menge impotenter Männer, mit denen sie hätte glücklich sein können. Warum ausgerechnet Hubert?

Sie hört Hubert unter der Dusche singen.

Sie betrachtet ihr weißes Gesicht im Schrankspiegel, spürt die dunkle Last auf ihrer Brust, möchte schreien, aber weiß nicht, nach wem.

Er kommt zurück aus dem Bad, strahlend frisch, das Frotteetuch über der Schulter. Er kriecht neben sie, an der Hüfte spürt sie sein wachsendes Geschlecht. »Entschuldige«, murmelt er, »daß eben alles so schnell ging.« Sie möchte schreien, aber sie lächelt: »Wirklich, es reicht mir!«

»Sei nicht so bescheiden«, zärtlich wischt er ihr eine Haarsträhne aus der Stirn. Er beginnt sie zu streicheln, dort, wo er annimmt, daß sich ihre erogenen Zonen befinden. Sie zieht sich unter seinen Händen zusammen wie ein Embryo. »Wirklich, ich habe genug«, lächelt sie. Er bedeckt ihre Lippen mit seinem stacheligen Mund.

Da stößt sie ihn fort und richtet sich auf. Bestürzt schauen sie einander an. »Ich habe einen Geliebten!« sagte sie hastig, als müsse sie diesen einzigen Moment nutzen, ehe er verstreicht. »Nichts Ernstes. Er ist über zwanzig Jahre jünger ...«

Überrascht spürt sie an der Hüfte, wie sein beängstigend großes Glied weich wird. Er wälzt sich weg von ihr und zieht das Deckbett bis zum Kinn hinauf, als wolle er eine Niederlage verbergen. Er starrt an die Decke. »Zwanzig Jahre jünger«, murmelt er, »dagegen habe ich natürlich keine Chance.«

Jasmin schaut in den Schrankspiegel und sieht, wie er die Arme unter dem Deckbett hervorholt, einen nach dem anderen, wie er sich mit den Fingern im Bart zwirbelt, wie sich das Deckbett hebt und senkt unter seinen tiefen Atemzügen. »So ein junger Bursche hat natürlich eine ganz andere Vitalität.

Wie oft kann er? Sag's schon. Raus damit. Du brauchst mich nicht zu schonen. Ich merke ja schon lange, daß ich dir nicht genüge ...«

Sie schaut ihm ins Gesicht, grenzenlos erstaunt.

Wie sie so daliegen in ihrem Doppelbett, zwei Fremde, beginnt sich die Matratze unter ihnen knisternd zu räkeln, dehnt sich aus nach den Seiten, durchstößt alle vier Wände, die aufstaubend in sich zusammenfallen und die Zimmerdecke freigeben, die sich hebt, um davonzuschweben.

»Jasmin«, sagt Hubert, »ich habe Angst.«

Über ihnen steht das kalte Himmelsblau wie eine Glaskuppel.

Roswitha

Diesmal gelang es mir nicht rechtzeitig, vor Roswitha zu flüchten.

»Inge-Schätzchen!« brüllte sie unerbittlich über die dichtbesetzten Tische der Strandbar hinweg. Woher sie meinen Namen wußte, war mir ein Rätsel. Widerstrebend drehte ich mich zu ihr herum.

Kerzengerade saß sie da, eine Walküre von Weib mit kurzgeschorenem Haar und finsterem Blick: »Hast du Axel gesehen?«

»Welchen Axel?«

»Na, meinen Mann.«

»Wie sieht er denn aus?«

»Hübscher Blonder.«

»Es gibt viele hübsche Blonde.« Hastig wandte ich mich wieder meinem Cognac zu, trank den Rest, hörte, während ich zahlte, Roswitha hinter mir brüllen: »Wenn du Axel siehst, sag ihm, ich komme später.«

Es war das erste Mal, daß ich meinen Jahresurlaub allein verbrachte. Ich hatte geglaubt, Ruhe und Meer würden mir guttun.

Außerdem hatte ich Werner kränken wollen, dessen Liebe mir zerstreut und leidenschaftslos erschien.

Es war zwei Tage vor meiner Abreise. Ich saß wie immer bei Pedro an der Strandbar, die nackten Füße in den Sand gedrückt, vor mir einen Cognac, und döste in das Kommen und Gehen der Wellen.

Da trat ein Mann an meinen Tisch und bat mit entwaffnendem Lächeln, ob er sich zu mir setzen dürfe, seit Tagen beobachte er mich schon, habe sich aber nie getraut, mich anzusprechen. Ich sei wohl auch allein.

27

Er hatte Augen, sanft wie ein grauer Himmel.

Zusammen betrachteten wir das Meer und tauschten Beobachtungen über Sonnenuntergänge und Windstärken aus. Dann kamen wir auf die schlechte spanische Küche zu sprechen, und er lud mich ein in die »Gaviota«, das einzige Lokal am Ort, in dem man essen könne.

Er lispelte ein wenig durch seine niedliche Lücke zwischen den Schneidezähnen. Plötzlich umwölkte sich sein Gesicht, und ich folgte seinem Blick. Roswitha schritt im königsblauen Badeanzug zum Strand hinunter. Sie hatte einen Spanier dabei, zwei Kopf kleiner als sie selbst, der gutmütig zu ihr hochlächelte, als sie ihm befahl, am Ufer auf sie zu warten.

Stumm beobachteten mein Nachbar und ich, wie Roswitha würdevoll das Meer betrat und in die Knie sank, um sich mit den hohlen Händen Wasser auf die Brust zu fächeln. Ihr Begleiter, in seinem Sonntagsanzug eher auf eine Abendgesellschaft als an den Strand passend, hielt wie ein Butler das kanariengelbe Handtuch über dem Arm.

Dann schwamm Roswitha. Noch nie habe ich einen Schwimmer den Kopf so weit über die Wasseroberfläche hinausrecken sehen. Es war fast, als stünde sie im Wasser und simuliere Schwimmbewegungen. Dabei hatte sie keine Dauerwelle zu schonen wie andere Frauen. Nach einem kurzen Bad stieg sie zurück ans Ufer, ließ sich von ihrem kleinen Spanier das Handtuch reichen, rieb sich gründlich Arme und Beine trocken und bewegte sich auf die Strandbar zu. Mein Nachbar kramte hastig nach ein paar Peseten: »Bis heute abend.«

Da hatte sie ihn auch schon entdeckt, stapfte brüllend durch den Sand: »Axel, da bist du ja.«

Ihr kleiner Spanier lächelte hilflos. Axel hatte sich erhoben und verzog das Gesicht zu einer schmerzlichen Grimasse. Ich war froh, daß Roswitha mich streng übersah, und eilte zur Theke, um zu zahlen.

Auf meinem Weg zum Hotel überholte mich Axel: »Es bleibt bei heute abend?«

Da mir keine Alternative einfiel, kam ich zur ausgemachten Zeit.

»Sie kennen Roswitha näher?« tastete ich mich vor.

Er hob theatralisch die Arme: »Um Gottes willen. Eine gräßliche Person.«

Ich bestellte Schwertfischfilet mit reichlich Knoblauch. Er schloß sich mir an: »Damit Sie nicht allein nach Knoblauch riechen.«

»Sie behauptet, Sie seien ihr Mann.«

Er lächelte gequält: »Seit ich hier bin, stellt sie mir nach. Leider haben wir unsere Zimmer im selben Hotel.«

»Der Schwertfisch ist gut. Aber ich mag keine Pommes frites. Sie können gern welche von mir nehmen.«

Er langte quer über den Tisch, um sich ein Pommes-frites-Stäbchen auf seine Gabel zu pieken.

»Sie ist nicht ganz dicht, oder?« Ich tippte mir vielsagend an die Schläfe.

Sein Mund zog sich zu einem Mündchen zusammen, als kaue er Zitrone: »Sie schleppt alle Männer ab.«

Nach dem Essen bestand ich auf einem Strandspaziergang.

Wir fluchten über den Sand, der in unsere Schuhe schwappte, aber aus Angst vor Glasscherben zogen wir sie erst dicht am Wasser aus.

Der Wind hatte wie immer abends nachgelassen, kleine mondlichtgesprenkelte Wellen umspielten unsere Knöchel.

»Als ich neun Jahre alt war«, sagte ich, »sprang ich wie alle meine Klassenkameraden vom Einmeterbrett ins tiefe Becken und wäre um ein Haar ertrunken.« Ich bückte mich nach einer derben Muschel und warf sie flach übers Wasser, aber sie hüpfte nicht, sondern versank sofort. »Es war schön, das Sterben. Ich lag in diesem durchsichtig-grünen Wasser und hatte keine Angst. Hinterher, als sie mich rausfischten und ich wieder zu mir kam, ging's mir schlecht. Ich kotzte mir die Seele aus dem Leib.« Ich raffte mein Kleid und trat einen Schritt weiter ins Wasser hinein. Die Wellen klatschten mir die Knie hinauf. »Stellen Sie sich vor, ich bin blindlings gesprungen. Ich hatte ganz vergessen, daß ich nicht schwimmen konnte.«

»Ich bin ein schlechter Schwimmer«, sagte er und zog seine Hosenbeine an den Knien ein wenig nach oben, damit sie keine Tropfen abkriegten. »In der Schule war ich immer die Flasche, keiner wollte mich beim Wasserballspiel in seiner Mannschaft haben.«

Ich betrachtete ihn, wie er storchbeinig die Stoffzipfel an seinen Knien festhielt, und prustete los: »Sie sehen aus wie ein Tourist.«

Er ließ die Hosenbeine fahren und stolperte mir schimpfend ins Wasser nach. Seine Züge verschwammen weich im Mondlicht, wir tauschten vorsichtige Küsse, die hier draußen, zwischen Himmel und Meer, Mädchensehnsüchte in mir weckten. Völlig durchnäßt machten wir uns auf in mein Hotel, schlichen kichernd wie Kinder, die etwas Verbotenes tun, auf mein Zimmer, zogen einander die nasse Kleidung vom Körper und rubbelten uns gegenseitig ab, erst betont burschikos, dann zärtlicher. Sehr bald schliefen wir Hand in Hand ein, ratlos, ob wir enttäuscht sein sollten.

Am Morgen weckte uns ein lautes Hämmern. Wir kuschelten uns aneinander und versuchten, den Lärm zu überhören. Das Hämmern ging in ein wütendes Trommeln über, jemand schlug mit beiden Fäusten gegen die Tür.

Besorgt sprang ich aus dem Bett, warf mir den Bademantel über und öffnete.

Vor mir stand Roswitha, plump und stiernackig. Mit lässiger Geste fegte sie mich beiseite, trat an mein Bett und brüllte: »Axel!«

Axel stellte sich tot. Sie riß ihm die Decke fort und warf ihm seine Kleider hin. Demütig, ohne mich anzusehen, kroch er in Hose und Hemd. Sobald er fertig war, ergriff sie seine Hand und zog ihn an mir vorbei durchs Zimmer. Über die Schulter hinweg warf er mir einen flehenden Blick zu.

In der Tür drehte sich Roswitha mit Würde zu mir um und röhrte: »Mein Mann liebt mich. Ich bin sein ein und alles.«

Vom Fenster aus beobachtete ich, wie sie ihn quer über den Hof fortschleppte.

Es war mein letzter Tag. Ich ging hinunter zu Pedro und suchte mir einen freien Platz. Kaum hatte ich meinen Cognac bestellt, entdeckte ich nicht weit von mir Roswitha.

Sie hatte ihren Arm um Axels Schulter geworfen und schaute mit Besitzerstolz in die Runde. Überrascht stellte ich fest, daß Axel mit einem Ausdruck von seeliger Entrücktheit an ihrem breiten Brustkorb ruhte. Am Nebentisch saß der kleine Spanier, korrekt im Anzug, als warte er auf seinen Einsatz, und warf Blicke voll melancholischer Sehnsucht auf Roswitha.

Als das Flugzeug auf der Landebahn ausrollte, trieb mich eine nervöse Erregung durch die Gepäckkontrolle zum Ausgang.

Werner wußte, wann ich zurückkam, aber ich hatte ihn nicht direkt gebeten, mich abzuholen. Er sollte aus eigener Sehnsucht zum Flughafen eilen, nicht verpflichtet durch meine Erwartung.

Als ich als erste die Sperre durchschritt, musterte mich eine stumme Front von Wartenden. Ich reihte mich ein mit Koffer und Reisetasche, ließ den Blick von Gesicht zu Gesicht wandern, man winkte, man rief, man umarmte einander.

Entschlossen griff ich mein Gepäck. Vielleicht, dachte ich, gibt es einen zweiten Ausgang.

Post aus Thailand

Ich beneide Marita.

Sie verstand es schon immer blendend, Gefühl und praktisches Interesse in Einklang zu bringen. Allein, wenn man unsere Liebhaber vergleicht:

Meine waren eine nicht enden wollende Kette von neurotischen Spinnern, Alkoholikern, erfolglosen Dichtern und Kleinkriminellen.

Ihre Sammlung bestand aus Architekten, festangestellten Psychologen, Modedesignern oder Restaurantbesitzern.

Ich setzte auf Gefühl und Spontaneität, sie setzte auf die Zukunft und finanzielle Sicherheit.

Selbstverständlich habe ich Leute wie sie früher verachtet und war überzeugt, den Vogel des Lebens eingefangen zu haben.

Nun habe ich zu meiner Überraschung die Fünfzig erreicht, hause noch immer in einer winzigen Dachwohnung, die mal als Provisorium gemeint war – mit Duschkabine in der Küche –, und frage mich, ob mein unverwüstlicher Glaube an die Liebe nicht auch etwas Weltfremdes hat. Ja, schlimmer: ob ich nicht am Glück vorbeigestolpert bin, das jetzt dick und vollgefressen einer Marita im Schoß sitzt.

Heimfried hieß er. Wir begegneten uns unten bei Hertie am chinesischen Imbiß. Er bestellte Reiswein und eine Frühlingsrolle – »Bitte, ohne Soße!« Als die Reihe an mich kam und ich dasselbe verlangte mit denselben Worten, lachten wir uns an. Er sah aus wie ein Penner: dichter rotweißer Bart, geringeltes Wollmützchen und abgelatschte Schuhe. Auf dem Rücken trug er einen kleinen Rucksack, in dem er – wie sich später herausstellte – sein Butterbrot und jede Menge Bücher verwahrte. Da die Heizung in seiner Kellerwohnung nicht funktionierte, verbrachte er den größten Teil der Winterzeit in

Cafés, wo er dicke philosophische Wälzer durcharbeitete. Seine Mutter schickte ihm gelegentlich einen Scheck, damit er sich einen neuen Wintermantel oder warme Socken kaufen konnte. Da er keinem energieaufzehrenden, phantasieabtötenden Beruf nachging wie alle anderen Männer, erwies er sich als einfallsreicher und unermüdlicher Geliebter. Meine Wohnung war zwar ebenso winzig wie seine, aber die Heizung fiel seltener aus, so nahm ich ihn mit zu mir.

Meine Freundin Marita rümpfte die Nase, als sie ihn das erste Mal erblickte, versuchte aber mir zuliebe ein Gespräch mit ihm und wollte mich anschließend unter vier Augen davon überzeugen, daß ich mir Männer wie ihn nicht leisten konnte, daß ich – unbelehrbar – wieder mal über meine Verhältnisse lebte. Im Hochgefühl meiner Verzückung lachte ich sie aus.

Die Nächte mit Heimfried waren hinreißend, die Tage im Büro öde. Ich hatte einen kleinen Job als Aushilfssekretärin. Wie in Trance saß ich vor meinem Computer und tippte wochenlang so viele unglückliche Fehler, daß man mich nach mehreren Ermahnungen entließ.

Ich nahm meine Tasche, suchte mir ein sonniges Bänkchen auf dem nahen Friedhof, wo ich meine Mittagspausen zu verbringen pflegte, und glotzte selig über die vermoosten Gräber.

Nun hatten wir endlich unbegrenzt Zeit, einander zu genießen. Gelegentlich schwebte ich hinüber zum Penny-Markt und kaufte Tütensuppen und Dosengemüse auf Vorrat, um das Bett nicht zu lange auskühlen zu lassen. Wenn – selten genug – Besuch kam, tappte ich im schmuddeligen Morgenrock und mit bettzerzaustem Haar an die Tür und ließ, grinsend wie eine Bekloppte, Freund oder Freundin ein, bot ihnen Kaffee und harte Kekse an und versuchte glücklich lallend eine Konversation.

Irgendwann kam Marita uns besuchen, besorgt, weil ich mich so lange nicht gemeldet hatte. Sie war ganz in Pink und Schwarz, mit glitzernden Beinen. Ihr prüfender Blick durch die Küche weckte mich jäh aus meiner Benommenheit. Plötzlich sprangen mir Berge von schmutziger Unterwäsche ins Auge, leere Chips-Tüten und zerknüllte Tempotaschentücher,

Massen von benutzten Weingläsern, Teller mit Essensresten, Tassen voller Zigarettenkippen und Flaschenkorken. Unter dem Tisch hatte sich, ohne daß es mir aufgefallen war, eine Riesenmenge von Wein- und Bierflaschen angesammelt. Marita, die irgendein seltsames Faible für mich hat – vielleicht liebt sie den Kontrast zu sich selbst, denke ich heute –, legte mir ans Herz, eine Psychotherapie ins Auge zu fassen. Dann fragte sie streng, wie es mit meiner Rente aussehe. Schlecht. Ich habe ja mein Leben lang nur herumgejobbt. Auch eine Lebensversicherung war mir nie in den Sinn gekommen. Marita prophezeite mir ein Ende als Asoziale, mit zotteligen grauen Haaren und heruntergerollten Nylons in Turnschuhen, von Mülltonne zu Mülltonne eilend. Und ich, übermütig vor Liebe, ich lachte nur.

Seltsamerweise haben wir glücklich Verliebten immer wieder die törichte, durch keine gegenteilige Erfahrung zu erschütternde Vorstellung, Liebe und Glück werden niemals enden. Sicher kennen Sie das.

Gottlob ließ sich Heimfried nicht blicken. Zu leicht hätte er Marita weitere Argumente gegen sich geliefert. Er hätte es fertiggebracht, nackt in die Küche zu schlurfen, den Kühlschrank aufzureißen, um ein Bier zu holen, und grußlos wieder im Schlafzimmer zu verschwinden.

Marita erzählte schnell noch, bevor sie ging, sie sei derzeit mit einem Bankdirektorsohn liiert, werde nur noch im Porsche durch die Gegend kutschiert und lasse sich teuer von ihm einkleiden, schließlich war er noch immer verheiratet.

Ich redete mir ein, einen unzufriedenen Zug um Maritas Mund zu entdecken.

Nun geschah es in einer schicksalhaften Fügung, daß Maritas völlig vergessene Tante aus St. Gallen starb und ihr unerwartet eine Supermarktkette hinterließ. Unter Tränen trennte sie sich von ihrem Bankdirektorsohn, der sich entgegen allen Versprechungen noch immer nicht von seiner Frau hatte scheiden lassen und ihr aus Schuldgefühl Kleider, Pelze, Schmuck und den Porsche ließ. Sie verkaufte einen Teil des Vermögens ihrer Tante und erwarb eine kleine Stadtvilla mit Garten.

Für die Liebe hielt sie sich einen einfältigen Bettschatz mit großen melancholischen Augen. Er war ihr treu ergeben. Dafür verwöhnte sie ihn, fütterte ihn mit erlesenen Speisen und kleidete ihn modisch wie eine Barbiepuppe.

Meine Liebe zu Heimfried und meine trunkene Glückseligkeit waren durch nichts zu erschüttern. Selbst dann nicht, als ich mein Erspartes aufgebraucht hatte und wir nur noch von meinem Arbeitslosengeld lebten. Wie unwichtig, fand ich, war doch alles Materielle im Vergleich zu einem erfüllten Liebesleben. Dieser neue Trend zum Luxus, dieses Schwelgen in exquisiten Waren, diese sich überschlagende Mode, immer kostbarer, immer schneller out – das alles war doch nur Glücksersatz für frustrierte Zeitgenossen.

Wenn Marita uns hin und wieder besuchte und Heimfried sich lobend über ihre extravagante Kleidung äußerte, konnte ich nur lachen. Ich fühlte mich grenzenlos sicher in meiner Liebe. Das verführte mich wohl auch zu einigen unvorsichtigen Handlungen, wie die, daß ich Maritas Einladung zu ihrem Geburtstag annahm. Sie hatte einen Haufen Bekannte eingeladen, alles Akademiker, erfolgreiche Künstler, Filmproduzenten, Bordellbesitzer. Soviel teuren Schmuck, so viele Modellkleider hatte ich noch nie auf einmal gesehen. Ich amüsierte mich, daß ich als einzige in abgewetzten Jeans und ausgebleichtem Sweatshirt kam. Doch als ich Heimfried anschaute, stellte ich zu meiner Überraschung fest, daß er sich unwohl fühlte in seinem bolligen Jogginganzug. Er, der immer energisch gegen unsere hochindustrielle Gesellschaft und ihren Konsumterror gewettert hatte. Ich war einen Hauch beunruhigt und ließ ihn nicht aus den Augen.

Da er Charme besaß, gewann er im Fluge all die zunächst durch seine ausgebeulten Knie irritierten Besucher. Beiläufig erwähnte er seinen Roman, an dem er seit Jahren schreibe – nur ich wußte, daß er über die erste Seite nicht hinausgekommen war – und gab sich so apart künstlerisch, daß man von ihm entzückt war und ich mich wieder entspannte.

Nach diesem Abend zeigte sich Heimfried zum allerersten

Mal erotisch unwillig. Er holte zwar in den folgenden Nächten sein Versäumnis nach, aber irgend etwas hatte sich verändert. Noch immer war er zärtlich und zupackend wie sonst, noch immer voll schmachtender Hingabe – aber er schien mir eine winzige Spur abwesend. Besonders nachher griff er sehr schnell zur Zigarette und blies nachdenkliche Wolken gegen die Zimmerdecke. Zunächst hoffte ich, das werde sich geben. Aber mit schmerzlicher Enttäuschung mußte ich bemerken, daß diese Zustände von Geistesabwesenheit zunahmen, ja, daß seine Handgriffe immer routinierter wurden und spontane Küsse immer seltener. Ich sprach ihn einige Male auf sein Verhalten an, seine Antwort waren unerwartete Wutausbrüche.

Der Sommer kam, und Heimfried wurde unruhig. Er begann, seine Wanderungen durch die Stadt wieder aufzunehmen, und mehr als einmal wartete ich gramerfüllt zu Hause in meiner kleinen Wohnung, voller Angst, er werde nicht wiederkommen.

Zu allem Elend schossen mir Maritas Warnungen durch den Kopf: Ich sah mich bereits, siebzigjährig, unter dem Vordach der Kaufhalle liegen, im winddichten Anorak von der Sozialhilfe, neben mir ein Stück abgerissener Pappe für die Groschen mildtätiger Passanten.

Ich zog mich von den Menschen, vor allem von Marita zurück. Ihren mitleidigen Blick glaubte ich nicht ertragen zu können.

Heimfried ließ sich immer seltener blicken. Einmal fielen mir seine neuen, teuer verarbeiteten Schuhe auf, ein anderes Mal sein weinrotes modisches Jackett. Peu à peu veränderte sich sein Äußeres. Eines Tages hatte er sogar seine verfilzten Haare von einem Friseur in Form bringen lassen. Er kam höchstens noch auf einen Quicky zwischen zwei Tassen Kaffee und ließ sich nicht halten. Seine Leidenschaft schien er woanders zu leben.

Unglück macht häßlich. Ich sah mich im Spiegel: eine verhärmte Alte, um den Mund einen bitteren Zug, den ich bei Frauen nie mochte.

Wenn Heimfried kam, überfiel ich ihn mit Vorwürfen und Gezeter, wohl wissend, daß ich ihn dadurch immer weiter wegtrieb von mir.

Ich las kluge psychologische Bücher, die mir allesamt klarmachten, daß die Gefühle kommen und gehen, daß die Liebe ein Kind der Freiheit ist und daß Heimfried nichts anderes getan hatte, als in aller Unschuld seinen neuen Neigungen nachzugeben.

Was sollte ich ihm verübeln?

Bis eines Tages Marita bei mir aufkreuzte, im sonnengelben Stretchmini, auf hohen Hacken schreitend wie eine Siegesgöttin.

Ohne Umschweife, ja, fast mit Genugtuung teilte sie mir mit, daß Heimfried schon seit Monaten zu ihrem Lieblings-Liebhaber avanciert sei, ihr kleiner Bettschatz habe nur noch Ersatzfunktion.

Sie müsse anerkennend zugeben, daß mir mit Heimfried ein hervorragender Griff gelungen sei, auch wenn wir keine Zukunft hätten miteinander, arm wie wir beide seien. Daß sie durch mich seine Bekanntschaft machen durfte, dafür werde sie mir ewig dankbar sein.

Ich warf sie hinaus, was mir heute leid tut. Schließlich folgte sie nur den Gesetzen des Lebens.

Ich bemühte mich, mein einsames Sonnenbänkchen zu genießen, der Himmel war blau wie auf Maritas Ansichtspostkarte, die sie mir aus Thailand schickte, mit lieben Grüßen von Heimfried. Mein Blick schlenderte über die geschmückten Gräber, und ich malte mir aus, unter einem von ihnen läge Heimfried und ich dürfte es pflegen.

Vielleicht brachte er ja eine Amöbenruhr mit.

Sie sehen, mein Glaube an eine göttliche Gerechtigkeit hält sich zäh. Tatsache ist – ich erzähle es ungern –, daß beide nicht nur putzmunter zurückkamen, sondern auch noch ein Kind angesetzt hatten, das – trotz Maritas Alter – komplikationslos entbunden wurde und weder mongoloid noch verkrüppelt war. Nun endlich erfüllte sich Heimfrieds langgehegter Kinderwunsch. Das Gör entwickelte sich zu einem nicht nur hübschen, sondern auch intelligenten Bürschchen, eine Freude für die Eltern.

Viele Nachmittage verbrachte ich nun auf dem Friedhof, in wehmütige Gedanken versunken.

Und Sie werden es nicht glauben: Eines Tages sitzt da doch tatsächlich ein schwarzgelockter junger Mann auf der Nachbarbank und weint. Wir kommen ins Gespräch, und ich erfahre, daß seine Freundin zwei Tage vor der Eheschließung tödlich verunglückt sei. Nun drohe ihm die Ausweisung in den Iran, wo ihn ein schlimmes Schicksal erwarte. Er kenne niemanden hier in der Fremde, der sich seiner annehme, und sei völlig mittellos.

Was bleibt mir übrig, als den Unglücklichen nach Leibeskräften zu trösten?

Meine Schwester Nadine

Während der schwierigen Beziehung zu Walter, die mehr als drei Jahre dauerte, magerte meine Schwester Nadine ab. Es stand ihr gut. Zumal sie ihren Kummer apart herauszustreichen wußte. Ihre Lieblingsfarbe Schwarz kombinierte sie mit bunten Tüchern, Gürteln oder Socken, diese Farben wiederum waren genau auf die baumelnden Ohrgehänge und das schräg nach oben gezogene Brillengestell abgestimmt.

Ihr nervöser Blick hinter den schmalen Gläsern zog die Männer an, ohne daß sie sich dessen bewußt zu sein schien. Ihr linkischer, ein wenig X-beiniger Gang weckte Beschützerinstinkte.

Unglücklich, wie sie war, konnte sie die Aufmerksamkeit, die sie erregte, kaum genießen. Erst Lothar mit seiner jungenhaft schlaksigen Art drang zu ihr durch. Nicht als Mann, aber als leutseliger Aufmunterer, wenn sie, wie so oft, nach der Arbeit allein in ihrer Stammkneipe saß.

Seit Beginn meiner Schwangerschaft hielt ich mich kaum noch in Kneipen auf. Von der verräucherten Luft wurde mir übel. So sahen wir uns nur noch alle paar Wochen. Dafür rief mich Nadine regelmäßig an, um mich über ihr Liebesleben auf dem laufenden zu halten, meine Warnungen in den Wind zu schießen und meine freundschaftlichen Empfehlungen zu überhören.

Lothar war freischaffender Maler. Ein gut verdienender noch dazu, was man ihm gar nicht zutraute mit seinem gutmütigen Gesicht, eingerahmt von weichem Blondhaar. So wie er es instinktiv verstand, sich in die Kundenseele einzufühlen und genau das auf die Leinwand zu bannen, was man sich, ohne es in Worte fassen zu können, wünschte – genauso fühlte er sich in die traurige Nadine ein und legte ihr all das in den Schoß, was sie bei Walter vermißt hatte. Er hielt nicht nur jede Verabredung ein, sondern kam überpünktlich. Er hatte keine Freundin im Hintergrund. Er war geduldig und aufmerksam, wenn sie ihm während eines Spazierganges zum hunderttausendsten Mal ihr desolates Verhältnis zu Walter schilderte.

Kurzum, nach wenigen Monaten versiegten Nadines Tränen, ihre Lebensfreude regte sich wieder, sie strich das morbide Schwarz aus ihrer Garderobe und kaufte sich bequeme Longshirts zu bunten Leggings. Ihr Gesicht und ihr Körper rundeten sich, plötzlich sah sie auf eine sehr durchschnittliche Art zufrieden aus.

Lothar ermunterte sie unermüdlich, ihre angenehme, gutbezahlte Arbeit als Technische Zeichnerin in einem Architektenbüro aufzugeben, damit sie mehr Zeit füreinander hätten. Nadine, beeindruckt von seinem Vorschlag, kündigte nach kurzem Zögern. Sie ließ sich sogar überreden, zu ihm zu ziehen, seine Eigentumswohnung bot Platz für eine Großfamilie. Kinder, sagte er, möge er sehr.

Mit großem Vergnügen durchwanderte Nadine, Lothar am Arm, Einrichtungshäuser und Teppichläden, um die Wohnung nach ihrem Geschmack zu verändern. Sie erwarben ein Doppelbett mit Bio-Matratze, riesig wie ein Fußballfeld. Das alte Sofa ersetzten sie durch eine wildgeflammte Polsterlandschaft, ließen sich die passenden Vorhänge dazu nähen und legten Teppiche im gleichen Farbton aus. Das Bad wurde neu gekachelt und die Kücheneinrichtung durch Spülmaschine und Tiefkühltruhe ergänzt.

Nadine, die mit Walter endlose, zermürbende Streite um Nichtigkeiten gewöhnt war, genoß die Harmonie mit Lothar. In Geschmacksfragen wichen sie kaum voneinander ab, und wenn, fanden sie schnell einen Kompromiß.

Walter unternahm phantasievolle Versuche, sie zurückzugewinnen, nachdem er endlich begriffen hatte, daß sie fort war. In langen Briefen beteuerte er ihr seine verzweifelte Liebe, nun sei er endlich bereit, mit ihr zusammenzuziehen. Sogar heiraten würde er sie, das habe er noch nie einer Frau gesagt.

Ohne Lothar und seine Eigentumswohnung wäre es ihm sicherlich gelungen, sie zu erweichen. Er besaß eine erstaunliche Fähigkeit, eine Frau, die sich ihm entzog, mit Liebesschwüren zu verunsichern. Doch sobald sich die Umworbene ihm wieder zuzuneigen begann, packte ihn ein solcher Schrecken, daß er sich sofort hinter seiner Arbeit verschanzte oder hinter seiner Ex-Freundin, die sich geschmeichelt mißbrauchen ließ.

Nadine stellte mit Genugtuung fest, daß sie gegen Walters Lockungen immun geworden war, was ihn natürlich enorm anspornte. Sie traf sich sogar mit ihm in seiner Mittagspause zum Essen und betrachtete ruhig sein bleiches Gesicht mit dem schmerzlich zuckenden Mund, ohne im geringsten schwankend zu werden.

Nadine machte es Freude, viel Zeit zu haben. Sie schlief lange, frühstückte ausgiebig, auch wenn Lothar bereits an der Staffelei stand, unternahm ausgedehnte Einkaufsorgien in Feinschmeckerläden, um anschließend in der Küche zu wüten und exotische Mahlzeiten zu kreieren.

Ich kannte meine Schwester nicht wieder. Sie, die allem Haushälterischen ihr Leben lang aus dem Weg gegangen war, tobte sich in der Küche mit einer Lust aus, die ich nicht nachvollziehen konnte. Ich hatte als erstes für eine Putzhilfe und dann, als unsere Tochter geboren war, für ein Kindermädchen gesorgt.

Mit meinen Ersparnissen machte ich einen kleinen Schmuckladen auf, der leider schon nach ein paar Monaten pleite war. Vielleicht hätte er mit mehr Anfangskapital überleben können. Den meisten Schmuck hatte ich Gott sei Dank nur in Kommission übernommen, so daß ich mit ein paar tausend Mark Schulden glimpflich davonkam. Dennoch: Die Putzhilfe und das Kindermädchen konnten wir uns vorerst nicht mehr leisten. Mehr denn je fühlte ich mich ans Haus gefesselt, unsere kleine Tochter litt unter meiner Gereiztheit, und auch Siegbert hatte Besseres verdient als meine Launen. Zu ihm, der als Sachbearbeiter in der Devisenabteilung einer Großbank tätig war, hätte eine traditionelle Ehefrau gehört, die sich freudig um Kind, Küche und ein gemütliches Heim sorgt, damit sich der Mann nach Dienstschluß entspannen kann.

Ich hatte meine Kindheit und Jugend damit verbracht, meiner ewig kränkelnden Mutter im Haushalt zu helfen, mich um meine kleine Schwester Nadine zu kümmern und meinen cholerischen Vater zu besänftigen.

Nie wieder hatte ich Verantwortung für eine Familie übernehmen wollen. Abenteuer wollte ich erleben, so wie Nadine. Viele Männer lieben, alle Möglichkeiten des Lebens auskosten ... Aus einer dummen Verliebtheit heraus war ich in die Falle getappt.

Zudem begann ich mich von Siegberts sexuellen Gelüsten belästigt zu fühlen. Sein unermüdliches Verlangen hatte mir anfangs gutgetan, denn ich war von den Männern nicht verwöhnt gewesen. Inzwischen aber suchte ich nach Ausflüchten, wenn Siegbert allzu übermütig von der Arbeit kam und mir gutgelaunt an den Busen griff, während ich gerade den Kinderbrei anwärmte.

Das kannte ich nur zu gut von meinen Eltern. Als frühreifes Mädchen machte ich mir meinen Reim, wenn Papa mit glasigem Blick bei Mama in der Küche herumstrich und sie ihn, unterwürfig lachend, fortzuscheuchen versuchte.

Was ich also am meisten verabscheute: ein Leben zwischen Eintopf und Ehebett, das hatte Nadine offenbar bei jedem ihrer Liebhaber gesucht und nun endlich bei Lothar gefunden. Sie schien restlos glücklich.

Das einzige, was sie nach einiger Zeit ein wenig zu vermissen begann, wie sie mir sagte, war die körperliche Liebe. Und die – so wußte ich – war mit Walter überwältigend gewesen. Nicht, daß er besonders viel Geschick oder Ausdauer gezeigt hätte, Eigenschaften, die Männer gerne ihren Konkurrenten unterstellen, wenn sie sich ihren schlichten Reim auf die Ausstrahlungskraft sogenannter guter Liebhaber machen. Sicherlich begriff Walter selbst nicht, warum die Frauen ihn festhielten, wenn sie ihn einmal gekostet hatten. Auch Nadine fiel es schwer, in Worte zu fassen, was sie anzog. Sein Blick. Seine

Locken, wie sie ihm in die Stirn fielen. Sein verhaltener Atem. Seine Hand, plötzlich in ihrem Rückenausschnitt, als sie sich vor ihm im Supermarkt nach einer Flasche Pilsener Urquell bückte.

Ich würde es weniger geheimnisvoll sagen:

Walter ließ seine gezügelte Erregung durch Blicke und gehauchte Berührungen auf Nadine überspringen, entzog sich, um die Spannung qualvoll zu steigern, und schickte die Geliebte nach einer gemeinsamen Nacht halbgesättigt fort.

Lothar verhalte sich keineswegs lieblos, beteuerte Nadine. Wenn sie aneinandergeschmiegt vorm Fernseher saßen, streichelte er sie stundenlang, ohne zu erlahmen. Es war angenehm unaufregend. Anfangs war Nadine dankbar gewesen, hatte sie Lothar doch für besonders rücksichtsvoll und sensibel gehalten, weil er zunächst nicht mehr von ihr verlangte als geschwisterliche Zärtlichkeit. Aber als er allmählich ihre überreizten und irritierten Sinne wieder ins Lot brachte und sie Lust bekam, mit ihm zu schlafen, da spürte sie seine Abwehr. Sie gehörte nicht zu den draufgängerischen Typen, die sich über einen spröden Mann hermachen und ihn zu seinem Vergnügen zwingen. Sie wartete ab und versuchte ihn sachte zu ermuntern.

Entweder begriff er nicht, oder er wollte nicht begreifen. Wenn sie ihn bat, ihren schmerzenden Rücken zu massieren, tat er das gekonnt und sachlich, wobei er jede Berührung vermied, die entfernt an Erotik hätte erinnern können. Anschließend eilte er in die Küche und schlug sich Eier mit Schinken in die Pfanne. Meist war er als erster im Bett und las die Zeitung. Nadine stellte sich provozierend vor ihn hin, wog versonnen ihre Brüste in den hohlen Händen und sagte unschuldig: »So einen vollen Busen hatte ich noch nie. Gefällt er dir?« Er nickte flüchtig über die Zeitung hinweg. Wenn sie sich unter das gemeinsame Daunendeckbett kuschelten und einer Fuge von Bach lauschten, geschah es gelegentlich, daß sich sein Glied ein wenig zu recken begann. Hocherfreut versuchte Nadine nachzuhelfen, aber wie in Panik schrumpfte es unter ihren zärtlichen Händen. Selbst ihren Blick ertrug Lothar nicht. Wenn er sie mit zerstreuter Freundlichkeit anschaute und sie seinen Blick festhielt, begann er wie ein Zehnjähriger herumzukaspern und das Gesicht zu Faxen zu verziehen.

Als Nadine nach langen, geduldigen Monaten nicht den Hauch einer Veränderung bei ihm feststellte, schlug ihre Zutraulichkeit in Nervosität um. Gereizt reagierte sie auf alles, was Lothar tat, so sehr er sich bemühte, ihr zu Willen zu sein. Wenn Freunde zu Besuch waren, machte sie peinliche Andeutungen über seine Fähigkeiten als Liebhaber.

Sie ging kaum noch aus dem Haus, höchstens zum Einkaufen. Den ganzen Tag lag sie auf der geflammten Polsterlandschaft und fraß. Essen konnte man es kaum noch nennen, so wie sie Salamibrote, Eistorte und halbe Hähnchen in sich hineinschob. Wenn sie ihre Zigaretten aufgeraucht hatte, schrie sie nach Lothar, der sofort zum Automaten stürzte, um ihr eine Packung zu ziehen.

Er beschwerte sich nie, seufzte höchstens mal tief auf, was sie gleich wütend machte. Vielleicht ist er schwul, hoffte sie, einfach, um eine Erklärung zu finden und seine Lustlosigkeit nicht auf sich beziehen zu müssen. Aber ihm schien jede Art von Triebhaftigkeit abzugehen. Er war der liebe Junge von nebenan, neutral und unberührbar wie eine Puppe.

Warum ist er überhaupt mit mir zusammen, grübelte sie. Mit ihren gerade dreißig Jahren fühlte sie sich wie eine Greisin. Ihr war, als läge das Leben bereits hinter ihr, als bliebe ihr nur, auf das Ende zu warten, ein Tag wie der andere. Mit Walter hatte sie erlebt, zu welcher Leidenschaft sie fähig war. Sollte sie an Lothars Seite verkümmern?

Eines Tages brach all ihre wütende Sehnsucht aus ihr heraus. Sie warf sich neben den lesenden Lothar in den Ohrensessel, schlang ihm die Arme um den Hals und rief: »Ich bin eine Frau! Küß mich endlich!« Verstört schirmte er sich mit seiner Tageszeitung gegen sie ab. Sie begann alle seine unbekleideten Stellen wie Hals, Wangen und Hände abzuküssen. Da riß er sich mit einer unerwarteten Kraftanstrengung von ihr los und stürzte ins Bad, wo er hinter sich abschloß.

Von nun an verkroch er sich abends im Atelier und schlief dort auf der Couch. Tagsüber war er fröhlich und liebevoll wie immer. Sie verabscheute ihn.

»Sei froh, daß du Siegbert hast«, sagte sie zu mir.

Als sie Lothar eines Tages eröffnete, sie habe sich eine Wohnung gemietet, in einer Woche ziehe sie aus, da lächelte er nur wehmütig. Mit keinem Wort versuchte er sie zu halten. Dabei hätte er noch alle Chancen gehabt. Sie war erschüttert, daß nicht einmal ihr Auszug seine Begierde weckte. Er half ihr noch beim Tragen ihrer Umzugskisten. Dann gab sie ihm die Hand und sagte »tschüs«.

Mit hochgezogenen Schultern wie ein aus dem Nest gefallener Vogel trottete Lothar davon und meldete sich nie wieder.

Nadine fand einen Telefonjob in einem Typo-Studio, nervenaufreibender und weitaus schlechter bezahlt als ihre frühere Arbeit.

Es fiel ihr schwer, vom Luxusleben mit Lothar Abschied zu nehmen und zur Bescheidenheit zurückzukehren. Was das Essen betraf, war ihr mit dem Auszug der Appetit vergangen. Innerhalb kurzer Zeit hatte sie fast wieder ihre Kummerfigur wie damals mit Walter.

Eines Tages telefonierte sie mit einem Kunden, der bat, ihm seine fertiggestellten Visitenkarten zuzuschicken. Sie schäkerte ein wenig mit ihm, weil ihr seine rauhe Männerstimme gefiel. Als er plötzlich fragte: »Haben Sie heute abend Zeit? Ich möchte Sie kennenlernen«, sagte sie überrascht, aber ohne Zögern zu.

Herr Bündig war Urologe, und sie hütete sich, mit ihm ein Gespräch über Blasenentzündungen zu beginnen, worüber er froh zu sein schien. Sie kamen auf die Spaltung von Leib und Seele zu sprechen, diskutierten über den Einfluß der Kirche und waren sich einig, daß die Sinnlichkeit in unserer Gesellschaft bei aller Liberalität zu kurz komme. Schließlich sagte er mit seiner rauhen Stimme: »Gehen wir zu mir?«

Ein wenig befangen saßen sie bald darauf in seinem Junggesellenappartement, das penibel aufgeräumt war, und er erzählte ihr von seiner Arbeit, die ihm wenig Zeit lasse, eine

Frau zu finden. Die Schwestern im Hospital, wo er ausgebildet wurde, seien nichts für seinen Geschmack und für die Dauer. Während des Studiums und in seiner Assistenzzeit habe er andere Dinge im Kopf gehabt. Keine Frauen. Kurzum, er suche eine Partnerin. Gegen die Ehe habe er nichts.

Statt einem Wüstling, wie Nadine der Stimme nach gehofft hatte, war sie also wieder einem soliden Heiratsanwärter begegnet. Aber vielleicht war noch nicht alles verloren, seine wildbehaarten Handrücken versprachen mehr als Lothars nackte Mädchenhände.

Während sie ihr buntgeringeltes Körperchen ins rechte Licht rückte – seit sie wieder schlanker war, hatte sie sich der Mode mit neuem Eifer zugewandt, wobei sie lebhafte Farben bevorzugte –, erzählte er von seinen zwei mißlungenen Eheversuchen. Eine Heiratsanzeige aufgeben wolle er auch nicht, das sähe nach Eingeständnis einer Niederlage aus. Nicht, daß er bei Frauen nicht ankäme, schließlich sei er Arzt, und schlecht sehe er auch nicht aus – er räusperte sich verlegen –, aber er habe ein Problem, er sage es lieber gleich, damit sie ihm nicht hinterher Vorwürfe mache: Er leide unter krankhafter Eifersucht. Ob Nadine noch immer an ihm interessiert sei?

Nadine sprang von seiner ledernen Wohnlandschaft auf, zutiefst verärgert: »Ich hatte gehofft, Sie wären ein Mann, Herr Bündig. Wo bleibt Ihre Abenteuerlust? Ihre Risikofreude? Sie sichern sich in einer langen Ansprache ab, bevor Sie einen ersten Schritt wagen.«

Nadine hatte den Satz noch nicht vollendet, da packte sie Herr Bündig schon mit seinen behaarten Pranken. Der Schreck fuhr ihr in die Glieder. Daß er sie so wörtlich nehmen würde, hatte sie nicht erwartet.

Andererseits, war es nicht das, was sie sich gewünscht hatte? Sie versuchte, sich auf seine Plötzlichkeit einzustellen, und es gelang ihr, aus dem Überfall einen gewissen Genuß zu ziehen.

»Merkwürdig«, spottete sie, als sie am Morgen mit mir telefonierte, »wenn ich ausgehungert bin, vergaff' ich mich in den ersten besten, der mir ein Stück Brot schenkt.«

»So ging es mir mit Siegbert«, bemerkte ich.

Armin Bündig war aufgeschlossen und lernwillig. Nadine ermunterte ihn, seine katholischen Zwänge zu überwinden, und ließ sich von seinen aufbrechenden Lüsten freudig mitreißen. Nach wenigen Wochen erwog sie sogar, ihn zu heiraten, um sich seine Begierde für alle Zeiten zu sichern.

Wenn nicht – ja, wenn sie nicht Walter begegnet wäre und mit ihm die Mittagspause im Park verbracht hätte. Nicht, daß ihre alte Begeisterung zu ihm wieder aufgeflammt wäre. Im Gegenteil. Sie war froh, erotisch so ausgefüllt zu sein, daß Walters automatisch einsetzende Lockversuche ins Leere gingen.

Aber sie beging den Fehler, Armin Bündig von der Begegnung zu erzählen. Mit seiner Reaktion hatte sie, bei allen Vorwarnungen, nicht gerechnet.

Seine Eifersucht kam mit einer anfallartigen Heftigkeit, über die Nadine nur staunte. Armin Bündig brüllte, tobte, warf ihr schäumende Satzfetzen vor die Füße, kurz, er benahm sich für einen Arzt außerordentlich vulgär.

Nadine war sich nicht sicher, ob sie das auf Dauer aushielt, und sie sagte ihm das, nachdem er ihr weinend in den Schoß gefallen war.

»Ich habe dich gewarnt«, schluchzte er, »ich bin unberechenbar, es ist mein großer Fehler, ich weiß. Ich wäre so gern toleranter.«

Sie legte ihm eine Psychoanalyse nahe, was ihn von neuem aufbrachte.

»Nur die Liebe einer Frau«, behauptete er heftig, »kann mich heilen.«

Nadine fragte sich, ob sie dafür geeignet sei.

Immerhin war sie guten Willens. Zumal ihr vieles an Armin Bündig wohltat: Er rief mehrmals täglich an, war pünktlich und treu und begehrte sie von Tag zu Tag mehr.

Doch nach einem halben Jahr begann das Furchtbare: Nadine fing an, sich von seiner Begierde beengt, statt animiert zu fühlen. Die tägliche Vögelei begann sie zu überfordern. Sie sehnte sich nach einem gemütlichen Abend vorm Fernseher, ohne daß jemand mitten in einem spannenden Film die Gelegenheit wahrnahm, unter ihr Shirt zu greifen. Sie zog sich zwar so reizlos wie möglich an, lief nur noch in uralten Schlabberhosen herum und kaute den ganzen Tag Kartoffelchips, so daß ihre hübsche Figur wieder aus dem Leim ging – aber nichts bremste Armins Verlangen. Je mehr sie ihn abzuschrecken versuchte, um so heftiger schien sie ihn anzuspornen.

Nadine, froh, ihre alte Wohnung nicht leichtfertig aufgegeben zu haben, flüchtete allabendlich, um dort die Nacht in Ruhe zu verbringen. Armin argwöhnte allerdings, daß sie sich heimlich mit Walter oder Lothar oder irgendeinem anderen Mann traf, um sich in einer Weise gehen zu lassen, in der sie es die letzte Zeit bei ihm, Armin, nicht mehr tat.

Als sie Armin eines Tages eröffnete, sie werde für zwei Wochen mit mir, ihrer älteren Schwester, in Urlaub fahren, da begann er sie blindwütig zu ohrfeigen.

Nadine und ich verbrachten eine sorglose Zeit an der Costa Brava, ohne Armin, ohne Siegbert und ohne meine kleine Tochter.

Wir Schwestern waren uns nie sehr ähnlich gewesen. Zwar beide dunkelblond – wobei Nadines Haarfarbe häufig wechselte – und beide von etwa gleicher Statur – wobei Nadines Körpergewicht großen Schwankungen ausgesetzt war –, aber vom Temperament her völlig entgegengesetzt: ich ruhig und verantwortungsbewußt, sie noch immer die quirlige, verwöhnte Kleine. Der Altersunterschied von neun Jahren war zu groß, als daß wir eifersüchtig um die Liebe der Eltern gekämpft hätten. Automatisch hatte ich einen Teil der Mutterrolle übernommen. Hier in dem kleinen Touristenort am Meer – wir hatten eine preiswerte Pauschalreise gebucht – sprachen wir zum ersten Mal gleichberechtigt wie Freundinnen miteinander. Noch nie hatten wir uns so gut verstanden, noch nie waren wir uns so einig. Alle Männer wollen uns einengen, uns unter Druck setzen, uns in die alte Frauenrolle pressen, unverbesserliche Paschas, grauenhafte Egoisten. Wir heckten Pläne aus, wie wir unser Leben verändern könnten, nun, nachdem ein erster Anfang gemacht war.

Doch kaum waren wir zu Hause, holte uns der Alltag ein. Meiner war voller Gewohnheiten, Nadines voller Dramatik.

Armin verfolgte sie auf Schritt und Tritt. Alle Stunde rief er im Studio oder bei ihr zu Hause an, oder er stand unvermittelt vor ihrer Tür, um einem vermeintlichen Liebhaber aufzulauern.

Eines Tages eröffnete sie ihm, so gehe es nicht weiter, er solle sie vergessen und sich eine andere Frau suchen. Da schlug er ihr ganzes Mobiliar zusammen, sogar den eichenen Vitrinenschrank, und stürzte sich anschließend weinend in ihre Arme. Da Nadine durch seine Tränen immer wieder zu erweichen war, schleppte sich ihre mühselige Affäre noch eine Weile hin, bis Nadine, um Armin endgültig loszuwerden, vorübergehend zu uns zog. Hautnah erlebte sie nun unser Familiendesaster, und ich war sicher, daß diese Erfahrung endgültig jeden Rest einer Illusion von heiler Familie in ihrem Herzen ausmerzte.

Armin, der nicht abließ, an ihrer Arbeitsstelle anzurufen, wurde alsbald zum Gespött des ganzen Typo-Studios. Eine Kollegin übernahm freundlicherweise die Aufgabe, ihn abzuwimmeln. Zur allgemeinen Überraschung und Nadines Irritation entwickelte sich aus diesem Kontakt eine Art Freundschaft zwischen den beiden – Armin weinte sich täglich bei der Kollegin aus –, und schließlich hieß es, die Dame und Herr Bündig beabsichtigten zu heiraten.

Auf der Hochzeitsparty, zu der auch Nadine geladen war, begann sie einen heftigen Flirt mit einem Computerfachmann, um ihre Wirkung auf Armin ein letztes Mal zu testen. Schockiert stellte sie fest, daß Armin sie kaum beachtete. Freudig hielt er seine Angetraute im Arm, dabei war diese ein eher biederer Typ, mollig im gedeckten Kostüm. Wie konnte er an Nadine vorbeischauen, die eine Augenweide war. Ihren wieder schmaler gewordenen Körper präsentierte sie in einem atemberaubenden Kleid, schillernd wie eine Schlangenhaut.

»Ich heiße Eberhard«, sagte der hübsche Computerfachmann, und sie beschloß verärgert, sich nun ganz und gar auf ihn zu konzentrieren. Er besaß eine Freundin, die ihm viel bedeutete, erfuhr Nadine im Anschluß an Armins Hochzeit, als sie miteinander im Bett lagen. Die Freundin dürfe von diesem klitzekleinen Seitensprung nichts erfahren, flehte er, überhaupt begreife er nicht, wie das passieren konnte, er sei doch sonst immer überwiegend treu gewesen.

Nadine fand, Eberhard sei nun endlich der optimale Liebhaber, leidenschaftlich, aber nicht einengend. Spornstreichs nahm sie Kontakt mit der Freundin auf, um ihr eine Beziehung zu dritt vorzuschlagen. Wünsche und Ansprüche würden auf mehrere Personen verteilt, keiner werde überfordert – die ideale Lebensform. Aber die Freundin wies diese Lösung hysterisch von sich. Die Zeiten der offenen Ehe schienen endgültig vorbei zu sein. Von nun an stieß Nadine nur noch auf Männer, die sich als irgendwie gebunden betrachteten und nicht willens waren, mit ihr mehr als eine Nacht zu verbringen.

Ich war schockiert. Hatten mir doch Nadines Abenteuer aus dem wirklichen Leben, so schmerzhaft sie gelegentlich waren, immer großes Vergnügen bereitet. Die Welt, das wußte ich, war von Männern bevölkert, die alle danach gierten, meine niedliche kleine Schwester zu besitzen. Und sie – verspielt und kokett wie ein Kätzchen – genoß jeden einzelnen von ihnen so lange, bis die reizvollen Schwierigkeiten in Strapaze ausarteten. Natürlich litt sie von Zeit zu Zeit, wie es ordentliche Liebestragödien verlangen, aber gottlob verfing sie sich nie wirklich in der Fußangel unserer Eltern. Keine faulen Kompromisse war sie auf Dauer eingegangen, so wie unsere Mutter, die das Leben unseres Vaters führte und dessen Geschmack und Meinungen übernahm und, obwohl sie nicht glücklich mit ihm war, ein Leben lang an ihm festhielt.

Nadine hatte immer im Augenblick gelebt, und ich hatte sie bestärkt zu genießen, was der Tag brachte, ohne sich mit unsinnigen Fragen an die Zukunft zu belasten.

Doch nun klagte Nadine plötzlich, sie fühle sich wie ein Hamster im Tretrad, wie sie, unermüdlich im Hier und Jetzt trampelnd, mit jedem Mann von vorne anfange. Plötzlich begann sie, allen Männern nachzutrauern, die sie leichthin hatte ziehen lassen. Zumal sie inzwischen Mitte Dreißig war und sich zarte Fächer von Fältchen in ihren Augenwinkeln gebildet hatten.

Inzwischen hatten alle andern ihres Alters Vorsorge für die Zukunft getroffen, keiner mochte mehr das, was er nun einmal besaß, leichtfertig aufs Spiel setzen.

»Sei froh, daß du Siegbert hast«, sagte Nadine zu mir.

Als sie zufällig im Park Walter begegnete, der einen Kinderwagen schob, geriet sie in eine ernsthafte Krise.

Gottlob fiel ihr zu guter Letzt Lothar ein, der es vielleicht noch nicht zu einer neuen Freundin gebracht hatte.

Mit bangem Herzen rief sie ihn an. Es tat ihr wohl, daß er sich freute. Als sie sich beim Italiener zum Essen trafen, erkundete sie behutsam sein Liebesleben. Und – o Glück – er war wieder frei, nachdem ihn inzwischen zwei Frauen verlassen hatten. Nun hieß es zugreifen.

In der Lebensmittelabteilung eines Kaufhauses stießen Nadine und ich Wochen später zufällig aufeinander. Beschwert von Plastiktüten bahnten wir uns gemeinsam einen Weg zum Stehimbiß. Nadine war wieder kräftiger geworden, unter dem schmalen Gesicht hatte sich ein Doppelkinn gebildet, die schräge Brille wirkte ein wenig bizarr.

Sie ließ sich eine gefüllte Crêpe zum Kaffee servieren.

»Tja, am Sonntag haben wir heimlich geheiratet, Lothar und ich«, nuschelte sie und mampfte ihre Crêpe au chocolat in sich hinein, »du bist die erste, die es erfährt.«

Ich ließ drei Zuckerstücke in meine Tasse fallen, »Glückwunsch«, und rührte ausgiebig, »ich habe mich von Siegbert getrennt«.

Nadines Gabel erstarrte: »Aber in deinem Alter findest du nichts Besseres mehr.«

51

Ich nahm einen Schluck Kaffee, der vor lauter Rühren bereits lau geworden war: »Ich suche keinen Mann.«

Die mahlenden Bewegungen ihres Kiefers verlangsamten sich: »Wenigstens muß Siegbert dir Unterhalt zahlen.«

»Ich will kein Geld von ihm.«

»Bist du wahnsinnig? Wovon willst du leben? Deine kaufmännische Ausbildung kannst du vergessen, heute mußt du dich ja schon als Bürohilfe mit Computern auskennen.« Sie rollte ein Stück Crêpe zu einer Wurst, piekte sie mit der Gabel auf, schob sie sich in den Mund und fragte kauend: »Und was ist mit deiner Tochter?«

»Die bleibt bei Siegbert.«

Nachdem Nadine stumm ihren Teller leergeputzt hatte, kramte sie nach ihrem Portemonnaie und bestand darauf, mich einzuladen. Beim Abschied sagte sie zerstreut: »Apropos, ich bin schwanger.« Als sie mein Stirnrunzeln bemerkte, lächelte sie melancholisch: »Nicht von Lothar.«

Ich betrachtete sie, wie sie schwerfällig ging, den breiten Hintern eingezwängt in zu enge Jeans, das müde Haar nachlässig hochgesteckt, eine ordinäre Mischung aus Mädchen und Matrone. Bevor ich mich umdrehte, um meinen Weg in die andere Richtung fortzusetzen, wagte ich einen Blick in den Spiegel an meiner Seite, den ich während des Gesprächs ignoriert hatte.

Vor mir stand eine korpulente Gestalt in zu engen Jeans, das müde Haar nachlässig hochgesteckt, mehr Matrone als Mädchen.

Ich tappte auf die Straße hinaus, meine Plastiktüten rechts und links balancierend wie die Gewichte eines Drahtseiltänzers.

Petite fleur

Als sie in der Metro stand, umgeben von Koffern und Taschen, war da ein Mann, Student vielleicht, mit schwarzem Haar und schwarzer Brille, der schaute auf ihr Gepäck, dann auf sie, mit Blicken voller Mitleid.

Sie sei wohl das erste Mal in Paris?

Ja.

Paris ist hart, sagte er, wenn man als Fremder hier allein ist.

Sie hob die Schultern.

Jaja, er lächelte ein wenig, als ich hier ankam vor drei Jahren, war ich genauso erwartungsvoll wie Sie heute.

Sie machte ein abweisendes Gesicht.

Er zückte seinen Notizblock, schrieb etwas darauf. Hier, meine Telefonnummer. Er hielt ihr den Zettel hin, als er am Odéon ausstieg.

Ich bin doch kein kleines Kind mehr, dachte Erika. Sie wartete, bis die Bahn anfuhr, und ließ den Zettel, ohne ihn nur angeschaut zu haben, auf den Boden fallen. Zu Hause in Lauterbach hätte sie einen Papierkorb gesucht, aber hier durfte man alles auf den Boden werfen. Noch nie hatte sie einen Bahnsteig gesehen so voller Papier.

Als sie die Treppe nach oben stieg, regnete es. Alle Augenblicke mußte sie ihre Koffer und Taschen absetzen, um Atem zu schöpfen. Ein junger Bursche half ihr tragen, wußte auch den Weg zur Jugendherberge. Die war geschlossen. Er zeigte ihr ein billiges Hotel, blieb wartend stehen. Er ging erst, als sie ihm ein paar Münzen reichte. Sie hatte sich Paris nicht so grau vorgestellt.

Am Morgen brachte ihr ein Mann mit Sonnenbrille das Frühstück ans Bett. Ob er wirklich blind war hinter seinen schwarzen Gläsern? Über die Alliance Française fand sie gleich eine Stelle als Au-pair-Mädchen.

Sie kannte niemanden in Paris.

Ihr Zimmer lag im siebten Stock, sie mußte eine endlose Wendeltreppe hinauf, die im Hof an der Außenwand angebracht war. Für Bedienstete war es verboten, den Fahrstuhl zu benutzen. Jeden Koffer schleppte sie einzeln hinauf. Ihr Zimmer bestand aus einem Metallbett, einem Kleiderschrank, einem Waschbecken. Sie mußte sich nachts dick in Pullover und Strumpfhosen einmummeln, um nicht zu frieren.

Morgens stand sie als erste auf und begann nach einer Tasse Kaffee mit dem Geschirr vom Vorabend. Dann mußte sie Toilette und Bad scheuern, und wenn der Postbote klingelte – Erika, allez-y! –, schnell ein weißes Schürzchen mit Rüschen umbinden, bevor sie öffnete.

Anschließend machte sie weiter mit Staubtuch und Staubsauger. Der Sohn der Familie, Jurastudent, lief ihr nach und hielt ihr seinen schmutzigen Zeigefinger vors Gesicht, sie habe vergessen, die gedrechselten Beine des Eßzimmertisches abzustauben.

Gegen Mittag erhob sich die Madame, Erika mußte ihr Bademantel und frische Handtücher ins Bad tragen. Die Madame verdächtigte sie, von der falschen Marmelade gegessen zu haben, die im Glas sei die Familienmarmelade, die Vierfrucht im Blecheimer sei für das Personal.

Erika gab sich Mühe, alles richtig zu machen. Die älteste Tochter warf ihr beim Dîner vor, sie habe das Steak für den amerikanischen Untermieter zu stark durchgebraten. Der amerikanische Untermieter sagte, er habe ohnehin keinen Hunger, und ließ das Steak stehen. Erika erwischte ihn später, wie er die Käseplatte aus dem Kühlschrank zog, ein großes Stück Fromage des Pyrenées absäbelte und es sich zwischen die Zähne schob.

Die Familie hat einen wahnsinnigen Verschleiß an Mädchen, sagte er kauend, alle paar Monate kommt eine Neue.

Der amerikanische Untermieter hatte auf seinen Bücherregalen Serien von Flaschen stehen, die meisten angebrochen.

Wenn Erika sein Zimmer putzte, nahm sie heimlich einen Schluck Whisky oder Kräuterlikör, jeden Tag aus einer anderen Flasche, damit es nicht auffiel.

Mittags atmete sie auf. Das Leben begann.

Sie blätterte im Reiseführer: Paris, strahlende Stadt an der Seine. Schon in der Schule war Französisch ihr Lieblingsfach gewesen. Alles, was mit Frankreich zu tun hatte, interessierte sie. Nichts hatte sie sich sehnlicher gewünscht, als in Paris zu wohnen, sie kannte die Stadt aus dem Kino, einfache Verkäuferinnen besaßen die Gabe, in billigen Fähnchen wie elegante Damen zu wirken, oh, là, là, und die Liebespaare küßten sich auf offener Straße. Zu Hause, in der braven deutschen Kleinstadt, konnte sie keinen Schritt tun, ohne von den Eltern gemaßregelt und von den Nachbarn belauert zu werden. Paris knisterte und sprühte – Montmartre, Moulin Rouge, Boul'Mich, Montparnasse – hier würde sie unbekümmert einfach sie selbst sein können …

Es war Winter und es regnete.

Mademoiselle, rief jemand. Wo denn der Eiffelturm sei. Sie trat an den Wagen und kramte in ihrer Tasche nach dem Stadtplan. Als sie den Weg gefunden hatte und hochschaute, um Auskunft zu geben, sah sie oben das lächelnde Gesicht des Mannes und unten das aufgerichtete Geschlecht in seiner Faust.

Erika ging schnell weiter.

Mademoiselle!

Nein, nicht schon wieder.

Sie überquerte die Straße. Der Mann folgte. Sie ging rasch. Er stellte sich ihr in den Weg. Er war gepflegt gekleidet, seine Krawattennadel funkelte. Sie wollte vorbei. Da schnappte er ihr blitzschnell zwischen die Mantelknöpfe. Sie stieß ihn fort und floh in die Galeries Lafayette, mehr ein Palast als ein Kaufhaus. Hier hatte sie Ruhe. Sie durchstreifte die Etagen, probierte Blusen und kaufte sich einen Anhänger mit einem roten Tropfen, der sollte ihr Glück bringen.

Sie schrieb nach Hause, daß ihr Französisch Fortschritte mache, die Familie sei ganz nett, wenn auch ein bißchen altmodisch.

Die Madame warf ihr die schmutzigen Silberlöffel zum Putzen hin und betonte, sie seien abgezählt.

Erika schrieb nach Hause, daß sie sich gewundert habe über die kleine Mona Lisa im Louvre, aber dafür sei der Eiffelturm mächtiger als erwartet. Wenn man genau in der Mitte darunter stünde, sei er wie ein Insekt mit riesigen Beinen, man käme sich richtig verloren vor.

Bonjour, petite fleur! Der Mann beugte sich zu ihr aus seinem rostigen Deux-Chevaux und lachte sie an. Braunes Haar fiel ihm lockig in die Stirn. Erika zögerte. Nur Flittchen lassen sich auf der Straße ansprechen. Aber hier war Paris, und der Mann lachte mit seinen dunklen Augen und mit seinem großen Mund.

Achilles hieß er und war Grieche, wohnte aber schon seit einer Ewigkeit in Paris. Sie tranken jeder ein Glas Pastis. Achilles hatte schon die ganze Welt gesehen, Amerika, Malaysia, Neuseeland. Es gab keinen Platz, den er nicht kannte. Erika fühlte sich winzig neben ihm. Künstler war er. Überall hatte er seine Bilder ausgestellt, von New York bis nach Hongkong.

Was malen Sie denn so, fragte Erika. Seit ihrer Schulzeit interessierte sie sich für Kunst. Griechenland, sagte er und machte eine große Bewegung mit der Hand, meine Heimat. Er sah ihr warm in die Augen, ob sie sich seine Gemälde anschauen wolle. Es ist unpassend, dachte Erika, nach so kurzer Bekanntschaft mit ihm zu gehen. Aber sie war neugierig und stieg zu ihm in seinen Deux-Chevaux. Er überfuhr eine rote Ampel und winkte frech dem Polizisten an der Kreuzung zu. Erika fühlte sich unangenehm an die Nachbarjungen zu Hause erinnert, die sich vor den Mädchen aufspielten, und überlegte, ob ihr seine Bilder wirklich so wichtig waren. Aber nun saß sie in seinem Wagen, sicher wäre er gekränkt, wenn sie plötzlich umkehren wollte.

Als sie ausstiegen und er neben ihr ging, spürte sie, wie riesig breit er war, und dachte, jetzt kann ich noch weggehen, und sie wollte sich nicht lächerlich machen und stieg mit ihm die knarrende Holztreppe hinauf bis in sein Atelier und dachte, er soll nicht merken, daß ich aus der Provinz komme, und sie ließ sich den Mantel ausziehen.

Seine Bilder gefielen ihr nicht. Eins nach dem andern schaute sie sich an, mächtige blaue Landschaften mit blauen Vögeln, die bedeuteten seine Sehnsucht nach Griechenland. Sie versuchte etwas Freundliches über die Bilder zu sagen, mochte ihn nicht enttäuschen, die Blauabstufungen, ja, die fände sie gelungen, wie sie nach hinten immer mehr zu Nebel würden.

Er krauste die Stirn, schien ungeduldig.

Da wollte sie gehen.

Er schob den Riegel vor.

Sie griff an ihm vorbei, um den Riegel zurückzuschieben.

Er packte ihr Handgelenk.

Sie riß ihre Hand frei.

Er packte ihre beiden Ellbogen. Er drängte sie in die Ecke, wo das Metallbett stand.

Sie trat und schlug, bevor sie rücklings aufs Bett fiel.

Er war so schwer, daß sie nach Luft schnappen mußte. Er zerrte ihren Rock hoch. Sie drehte und wand sich, schlug mit ohnmächtigen Fäusten auf seinem Rücken herum. Er schnaubte wie eine Maschine. Irgendwann hatte sie keine Kraft mehr. Sein Atem stieß ihr heiß ins Gesicht. Einmal tat es kurz weh. Sie schrie nicht.

Danach rollte er sich beiseite und schlief ein.

Sie zog ihr Bein unter seinem Körper hervor und zupfte ihre Kleider zurecht.

Das Laken hatte einen kleinen Blutfleck.

Sie richtete sich auf, stieg über ihn hinweg, er grunzte im Schlaf, sein brauner Körper war voller schwarzer Haare, die Fäuste hielt er ans Gesicht gedrückt wie ein schlafendes Kind.

Sie stieg die ächzende Treppe hinunter.

Nicht mehr als eine halbe Stunde war vergangen.

Wie kann man sich so verändern in so kurzer Zeit.

Sie weinte nicht. Lief durch Straßen. Spürte keinen Regen und keinen Wind in ihrem Gesicht. Mademoiselle! Ein paar Männer winkten ihr aus einem Bistro zu. Sie lief. Ihre Beine fühlten sich fremd an. Die Häuser waren gleichgültig grau. Sie lief.

Sie fuhr mit der Metro durch die Stadt, kreuz und quer. Sie wanderte durch Kaufhäuser, treppauf, treppab. Stieg die Wendeltreppe zu ihrem Zimmer hinauf. Fror. Schaute sich an im Spiegel. Wusch sich das Gesicht. Wusch sich die Hände. Das Wasser war eiskalt.

Neben dem Waschbecken schimmelte die Tapete.

Der Sohn der Familie hielt ihr triumphierend einen Teller vors Gesicht, an dessen Rand Senfspuren haften geblieben waren. Sie nahm ihn schweigend, tauchte ihn zurück ins Spülwasser.

Die Madame behauptete, sie habe ein halbes Pfund Butter aus dem Kühlschrank gestohlen, und zog es ihr vom Lohn ab.

Sie fuhr mit der Metro, kreuz und quer. In dem Waggon stand man eng, jemand rieb sich an ihrer Hüfte. Sie stand gefangen zwischen Körpern. Als der Wagen hielt, stürzte sie hinaus. Sie streunte durch die Galeries Lafayette, durch die Magasins Au Printemps, durch das Kaufhaus Samaritaine, durch die Grands Magasins du Louvre. Probierte Parfums, stahl ein Stück Fliederseife. Stahl einen Stoffrest, Samt. Sie fuhr mit der Metro kreuz und quer. Stieg aus, lief durch Straßen. Jemand griff ihr zwischen die Beine: C'est bon, n'est-ce pas? Sie schlug um sich. Jemand verfolgte sie bis in den siebten Stock, sie konnte gerade noch ihr Zimmer abschließen, bevor sich ein schwerer Körper gegen die Tür warf. Jemand setzte ihr nach, hielt ihr Geldscheine hin, sie schlug um sich. Jemand faßte sie am Arm, wollte sie nicht freilassen: Suédoise? Norvégienne? Allemande?

Sie lief durch die Galeries Lafayette. Stahl Stoffe, Knöpfe, Broschen. Der Hausdetektiv verfolgte sie. Sie konnte sich losreißen.

Sie kaufte sich eine Illustrierte mit bunten Fotos, schnitt die schönsten aus und heftete sie an ihre Zimmerwand. Pferde auf einer Blumenwiese. Kokospalmen mit wolkenlosem Himmel.

Die Madame tadelte sie, ihre Sorgfalt bei der Arbeit habe nachgelassen. Sie gab sich Mühe. Gläser fielen ihr aus der Hand, Teller zerbrachen, Blumentöpfe stürzten auf den Teppich.

Die Madame schimpfte und zog ihr alles vom Lohn ab.

Sie warf ein Fäßchen Tinte um, das nicht richtig zugeschraubt war, die Tinte ergoß sich über das Sofa. Sie bügelte zu heiß, das Eisen schmorte Löcher in die Unterwäsche der Madame.

Sie sollten sich eine neue Stelle suchen, sagte die Madame.

Der erste Schnee fiel. An die Hauswand geschmiegt lag eine Frau mit blauen Beinen, Turnschuhe an den Füßen, die Nylons unter die Knie gerollt.

Erika setzte sich in ein Café. Ein Mann kam vom Nebentisch. Lassen Sie mich in Ruhe! Er blieb hartnäckig vor ihr stehen. Der Kellner trat an ihren Tisch und befahl ihr zu gehen, dies sei ein anständiges Café. Sie stand auf, nahm ihre Tasse, drehte sie ganz langsam herum und ließ den Milchkaffee über das weiße Tischtuch fließen. Der Kellner griff ihren Arm, sie riß sich los.

Auf der Straße rief ihr jemand zu. Als sie hochschaute, war es Achilles. Er lachte sie an, sie solle ihn mal wieder besuchen. Sie drehte sich um und ging weg.

Sie stellte sich in einen Kinoeingang. Der erste Mann, der sie ansprach, war Ingenieur. Er lud sie zum Essen ein, sie bestellte das Teuerste. Sie kleckerte sich Rotwein auf ihren hellen Rock. Sie warf fast den Stuhl um, so schnell rannte sie auf die Toilette, um den Fleck auszuwaschen. Der Ingenieur saß mit dem Rücken zur Garderobe. Heimlich nahm sie ihren Mantel und schlich durch den hinteren Ausgang aus dem Lokal.

Am Abend darauf ließ sie sich von einem rundlichen Mann im Pepitaanzug ansprechen. Sie gingen zusammen tanzen. Wenn langsame Musik kam, setzte sie sich. Alle Paare tanzten eng und küßten aneinander herum. Der Mann fragte, ob sie am Sonntag mit zum Klettern käme. In der Nähe von Paris gebe es kleine Felsen für Anfänger. Sie zog Jeans und Turnschuhe an. Der Mann kam in schweren Bergsteigerschuhen und Kniebundhosen mit roten Strümpfen. Er hatte schon Übung und war jedesmal als erster auf dem Felsen. Wenn Erika endlich oben angekommen war, breitete er die Arme aus und wollte sie küssen. Sie sagte non. Er sagte, Sie nehmen das

Leben zu ernst. Er wollte unbedingt ihre Adresse. Sie gab ihm eine falsche Adresse.

Am Abend darauf stellte sie sich in den Eingang der Comédie Française. Ein älterer Herr sprach sie an. Sie bestellte das Teuerste. Als sie gehen wollte, sagte er, ich heiße Xavier, wann sehen wir uns wieder. Morgen. Er holte sie ab mit seinem großen weichgefederten Wagen. Er schüttelte den Kopf darüber, wie sie wohnte. Er zeigte ihr die Sainte-Chapelle mit den bunten Glasfenstern. Er war Architekt. Er zeigte ihr die vielen Häuser, die er gebaut hatte. Erika gefiel die Sainte-Chapelle besser. Er hielt ihr einen Vortrag über moderne Baustile.

In seiner großen Wohnung waren grünseidene Vorhänge vor den Fenstern und geometrische Kunst an den Wänden und weiße Teppiche auf dem Boden. Als ihr Rotweinglas umfiel und ein Rinnsal in den Teppich sickerte, sagte er: Macht nichts.

Es machte ihr nichts, mit ihm zu schlafen.

Seine letzte Geliebte hatte er an einen Jüngeren verloren. Sie lernte alle Handgriffe, die man so braucht. Sie sei so einfühlsam im Bett, sagte er, das habe er lange nicht gehabt. Er sagte, er habe nichts dagegen, wenn sie sich einen jüngeren Liebhaber nähme, aber ihn solle sie bitte nicht verlassen. Als er weinte, tröstete sie ihn.

An einem Wochenende, er war bei Frau und Kindern, nahm sie einen jungen Fotografen, der sie im Café angesprochen hatte, mit in Xaviers Wohnung. Sie spielten Mau-Mau in Xaviers breitem Bett, Jean-Luc gewann immer. Dafür hast du sicher Glück in der Liebe! lachte er. Sie machten sich über den Kühlschrank her, kein Stück Käse blieb übrig, außerdem suchte Jean-Luc den besten Wein aus.

Als Xavier zurückkam und die leeren Weinflaschen lagen neben dem Bett und die Korken und die Käserinde und die Apfelsinenschalen und die gebrauchten Präservative, da brüllte er wie ein Tobsüchtiger, schlug Erika ins Gesicht und drohte, sie hinauszuwerfen.

Sie sagte nichts und zog ihren Mantel an. Da flehte er sie an zu bleiben, versprach ihr einen Urlaub in Marokko und ein dreireihiges Collier aus Weißgold.

Sie nahm ihre Tasche und ging. Sie zog zu Jean-Luc. Der hatte ein großes Atelier und viel Besuch, vor allem Frauen.

Eines Tages kam Chantal, eine ehemalige Geliebte, vorbei, und Jean-Luc wollte wissen, ob es Erika störe, wenn er mit Chantal schliefe.

Erika schüttelte den Kopf. Sie könne auch mitmachen. Nein, das wollte sie nicht. Höchstens zugucken. Aber in Kleidern.

Was hast du für eine süße kleine Nonne, lächelte Chantal.

Erika stellte sich in der Tür auf, während sich die beiden gegenseitig entkleideten. Die Deckenleuchte schwankte leicht, der durchbrochene Schirm flackerte Muster gegen die Wände. Dann begann Chantal zu stöhnen. Stöhnte lauter. Wimmerte.

Erika stürzte aus dem Zimmer, floh ins Bad, hielt sich beide Ohren zu.

Sie stand noch immer so, als die beiden sie endlich vermißten.

Was hat sie denn? fragte Chantal. Ihr Augen-Make-up war ganz verschmiert. Jean-Luc machte drei Schinkenomelettes. Erika wollte nichts essen, da teilten sich die beiden das dritte Omelette. Danach ging Chantal.

Erika sagte, nun sei sie müde, und legte sich ins Bett.

Jean-Luc kam zum Gutenachtkuß. Erika wehrte ab.

Die Liebe ist für mich das Wichtigste auf der Welt, flüsterte er, während er ihre beiden Hände streichelte, ohne Liebe würde ich sterben wie eine Blume ohne Wasser.

So schnell stirbt man nicht, sagte Erika.

Bodystocking

Iris hat einen gutverdienenden Mann in beachtlicher Stellung bei einem bekannten Chemiewerk, Iris hat einen Mann, der nicht nur an sich selbst denkt, einen, der sich bei Greenpeace engagiert, ohne daß in der Firma irgendeiner etwas ahnt, einen, der schon Wichtiges erreicht hat im Kampf gegen das FCKW-Gas, das die Ozonschicht zerstört. Iris hat einen Mann, der den Spagat vollendet beherrscht: Er erfüllt die Ansprüche der Gesellschaft auf Jugend, Karriere, elegante Wohnkultur, einen sportlichen Wagen, eine attraktive Frau – und gleichzeitig tut er, was sein Gewissen von ihm fordert: Er engagiert sich unermüdlich gegen die Ausbeutung der Regenwälder, hilft, Werbefilme für Greenpeace zu finanzieren, Aufklärungskampagnen vorzubereiten, er setzt sich gegen die Ausfuhr von Pestiziden in die dritte Welt ein.

Iris sitzt bei Schwille, im kurzen Kostüm mit eckigen Schultern, zwei Knöpfe geöffnet. Ihr schwarzer Bodystocking mit dem paillettenbesetzten Büstenteil schimmert hervor. Prall stehen zwei Einkaufstaschen aus ungebleichtem Naturleinen zu ihren Füßen. Sie hat ein Kännchen Tee bestellt. Sie haßt diese Teebeutel und sehnt sich zurück nach Wilhelmshaven. Dort schwimmen die Teeblätter lose im Porzellaneinsatz, dort reicht man Kandis und echte Sahne dazu. Iris trinkt keinen Kaffee, Kaffee macht sie nervös und reizt ihren Magen. Sie hat zuviel Magensäure, sagt der Arzt, sie stellt sich vor, daß die Magensäure, sobald sie die Nahrungszersetzung hinter sich hat, aus wütendem Hunger die Magenwände anzufressen beginnt, darum darf sie nur sanfte Speisen essen, nichts, was die Magensäure zu Hochleistungen anspornt, kein scharfgebratenes Fleisch, keine Hülsenfrüchte, keine fetten Soßen. Auch zuviel Tee sollte sie nicht trinken, wegen der Gerbsäure. Auch

Gerbsäure schadet dem Magen. Iris zieht die Teesäckchen aus der Kanne, immerhin, sie haben zwei hineingegeben, manchmal muß ein geiziges Beutelchen für die ganze Kanne reichen, sie läßt die Beutel über der Öffnung abtropfen, hilft schließlich nach, indem sie sie kurz zwischen zwei Fingern ausdrückt, oh, ist das heiß, nicht einmal ein Extra-Tellerchen für die Teebeutel gibt es, sie wirft die Beutel in den Aschenbecher.

Iris sieht ihren Mann selten, er muß die Zeit nutzen, ausruhen kann er sich später. Nach der Arbeit jagt ein Termin den anderen. Oft kommt er erst um Mitternacht heim und fällt wie ein Stein ins Bett. Morgens reicht die Zeit nicht für ein gemeinsames Frühstück. Vier Jahre sind sie verheiratet, sie lebt zwischen Grünpflanzen in einem rundum verglasten Salon. Im Treibhaus, denkt sie, hält man sich jung und schön, so hat sie sich die Ehe nicht vorgestellt.

Sie winkt der Kellnerin: »Süßstoff bitte.«

Früher, als Greenpeace noch kein Thema war, gingen sie gelegentlich ins Kino oder in eine Weinstube oder mit seinen Kollegen zusammen essen. Iris haßt Greenpeace. Aber natürlich kann sie nichts gegen Greenpeace sagen. Wer würde dem eigenen Mann schon verbieten, sich für eine gute Sache wie den Erhalt der Regenwälder zu engagieren. Finanziell bin ich mehr als versorgt, denkt sie böse, meine Witwenpension wäre höher als das Einkommen einer vierköpfigen Durchschnittsfamilie, selbst wenn die Frau mitarbeitet, wie es heutzutage immer häufiger der Fall ist bei den steigenden Preisen. Wenn ich das Elend in der dritten Welt betrachte, Hunger, Krieg, Cholera, wie kann ich da jammern in meiner 240-Quadratmeter-Villa, nur weil mein Mann keine Zeit für mich hat. Luxusklagen.

Die Kellnerin reicht ihr ein Tütchen, sie reißt es auf, eine Süßstofftablette versinkt im Tee, taucht sprudelnd auf, schon halb zerfallen. Iris rührt, gibt einen Schuß Milch hinein, rührt. Eine Weile hat sie erwogen, sich Kinder zuzulegen, um nicht so allein zu sein. Richtig besessen war sie von dieser Idee. Zum Glück fiel ihr rechtzeitig ein, daß sie sich dann für immer ihren hübschen Körper verdorben hätte und kein Mann sie je wieder begehren würde.

Sie nippt am Tee, nun ist er trinkbar, sie schlürft die Tasse leer.

Auf seine Art liebt er sie. Nur zählt sie einfach nicht für ihn. Termine sind das einzige, was für ihn zählt. So vergißt er auch niemals ihren Hochzeitstag und läßt sich jedesmal eine Überraschung einfallen, die muß dann wieder ein Jahr vorhalten. Letztes Jahr hat er sich freigenommen für einen gemeinsamen Ausflug an die Loire, die er schätzt, weil sie so unbegradigt durch die Landschaft mäandert. Er empörte sich über die Pläne der französischen Regierung, Staustufen einzubauen, und mietete einen umweltbewußten Bauernhof mit ökologischem Plumpsklo. Er verstand nicht, warum Iris den ganzen Tag mißlaunig herumhing, nur weil er ein paar wichtige Telefonate erledigen mußte und einen kleinen Ordner mit Unterlagen dabei hatte. Auf ihre Vorwürfe reagierte er mit müder Nachsicht. Sie hätte lieber einen zornigen Mann gehabt, dann hätte sie sich nicht mit diesen Schuldgefühlen plagen müssen. Eigentlich ist nichts einzuwenden gegen ihren Mann, er ist besser als viele andere. Warum ist sie nur so verdrossen, wenn er heimkommt. Anstatt daß sie die wenige gemeinsame Zeit miteinander genießen, muß sie jedesmal einen Streit vom Zaun brechen, muß ihn mit vorwurfsvollen Klagen überhäufen. Er sieht sie dann tieftraurig an und sagt: »Versteh mich bitte, Schatz.« Dieses ›Schatz‹ klingt scharf wie eine zuschlagende Tür. »Greenpeace macht mir meine Arbeit in der Firma erträglich. Ohne Greenpeace hätte ich keine Achtung mehr vor mir selbst.«

Sie hebt das Kännchen, gießt nach, wirft eine Süßstofftablette in die Tasse, wartet, bis sie aufgelöst ist, gibt einen Schuß Milch hinzu, rührt.

Natürlich versteht sie ihn. Einmal wollte er sie mitnehmen zu einem Workshop über die Belastung der Gewässer durch Reinigungsmittel: »Das könnte dich interessieren vom Hausfrauenstandpunkt aus.« Er war gekränkt über ihren Wutausbruch.

Sie will, daß sie wirklich einmal Zeit miteinander haben, nicht nur bei einem Arbeitstreffen quer über den Tisch hinweg Putzfrauen-Argumente austauschen. Sie will, daß er ihr in die Augen schaut, daß sie das Thema ist, nicht die Ozonschicht, nicht der dringende Reifenwechsel, nicht, wie man Geld zinsgünstig anlegt. Sie will endlich mal mit ihm allein sein, nur sie beide, und keine abschweifenden Gedanken in seinem Kopf. Aber vielleicht fällt ihm dann gar nichts mehr ein, denkt sie mit einem unterdrückten Lachen.

Sie zupft eine der naturleinenen Henkeltaschen auseinander und lugt hinein. Sie hat sich neue Dessous gekauft, ein Bustier, schwarzgrundig mit wildem Blumendesign, dazu den passenden Slip, die hohen Beinschrägen flatternd gerüscht. Zärtlich streichelt sie das mattglänzende Gewebe. Ihre Wäschekommode ist bis oben hin gefüllt mit Kreationen in Apfelgrün und Apricot, in Feuerrot und Flieder, in Silber und Gold, geblümt, gepunktet, getigert, transparent, sportlich und ladylike, lieblich und frivol, mit aufwendigem Spitzenschmuck oder schlichten Bogenkanten, mit kostbaren Applikationen oder reizvollen Raffungen, paillettenbesetzt und mit Lochstickerei. Schade, daß ihr Mann keinen Blick hat für das Miteinander von Stoff und Haut.

Sie freut sich auf den Nachmittag, wenn sie zurück ist und ihren Liebhaber empfängt. Ihm zuliebe wird sie das neue Blumenset tragen. Ihr Körper ist weich vor Sehnsucht, ihre Seele schmachtet nach Liebkosungen. Sie wird wie immer die Wohnung abschließen, auch wenn ihr Mann noch nie am Nachmittag überraschend zu Hause erschien, sie wird das Deckbett auf den Holzdielen ausbreiten, sie wird Kerzen anzünden, eine CD einlegen, Gipsy Kinks, eine Flasche Rioja öffnen, die neuen Rotweingläser einweihen, große Kelche, hochstielig wie kostbare Blumen. Sie wird den schweren Spiegel auf den Boden stellen, schräg an die Wand gelehnt, so daß sie alles sehen kann wie im Film. Sie wird sich den Rücken mit Kissen polstern und es sich gemütlich machen mit ihm, dem sanftäugigen jungen Mann aus Davids Pornoheft, das er in seinem Schreibtisch versteckt hält.

Sie hat einen straffen jungen Körper, seidigbraune Haut, sie muß sich vorm Spiegel verrenken, um all ihre hübschen Seiten zu sehen, entblößt zwischen palmenbedruckten Kissen mit flammenden Sonnen, grün und rot, sie betrachtet sich mit der scheuen Gier des Liebhabers, der sachte ihre Schulter berührt, daß sie schaudernd fleht, sie zu packen. Aber er spielt nur leise mit den Fingerspitzen über ihren exquisiten Teint, begeistert sich für ihre Details, schwärmt von Haut und Haar, feiert die frische Makellosigkeit ihres Körpers.

Anfangs war sie ängstlich und ließ den Schlüssel von innen stecken, um notfalls schnell die Spuren verwischen zu können. Sie legte sich sogar eine Ausrede zurecht. Aber mit der Zeit wird sie dreister, ja, es beginnt ihr Freude zu machen, nicht nur die Bodendielen aus massiver Buche oder die Ottomane mit den gedrechselten Beinen zu schänden, sondern auch das Ehebett, in der Hoffnung, ihr Mann möge sie in flagranti erwischen. Mit Genuß malt sie sich sein erbleichendes Gesicht aus, seinen zitternden Mund, seine plötzlich nassen Augen, seine zuckenden Hände, sie stellt sich vor, was er tun würde. Ob er ihrem Liebhaber mit schneidender Stimme die Tür weisen, ihn wutschnaubend verprügeln oder statt den Rivalen sie, seine Frau, ohrfeigen würde. Alles ist ihr recht, wenn es nur ein Gefühl ist. Aber ihr Mann neigt nicht zu Spontaneität und kommt vor zehn Uhr abends nie nach Hause. Da ist ihr Liebhaber längst fort, und sie steht in der Küche und zaubert einen raffinierten Snack, von dem er zwei Bissen mümmelt, denn er hat schon mit seinen Kollegen gegessen.

Selbst als sie beginnt, Spuren zu legen – sie kauft ein Fläschchen Rasierwasser, schüttet die Hälfte fort und läßt es angebrochen im Badezimmer stehen, sie plaziert eine dritte Zahnbürste in dem Becher mit den ewigen zwei Bürsten, sie verteilt zwei fremde Herrensocken unterm Ehebett, nur die verknautschten Zipfel lugen hervor –, trotz all dieser ins Auge springenden Indizien scheint er nichts zu bemerken, oder er hat eine harmlose Erklärung für sich gefunden.

Sie spielt mit dem Gedanken, ihrem Mann einfach von ihrem Liebhaber zu erzählen, sie möchte Zorn oder Schmerz oder

Angst in seinem Gesicht lesen. Ganz gleich, wenn es nur ein Gefühl ist.

Doch plötzlich denkt sie, vielleicht weiß er längst alles und ist heimlich froh, daß ich diesen Liebhaber habe und keine Ansprüche mehr stelle. Erleichterung, nein, die möchte sie nicht in seinem Gesicht vorfinden.

Sie träumt von der Zeit, als sie und ihr Mann noch studierten. Auf seinem schmalen Junggesellenbett konnten sie einander nicht ausweichen wie auf den komfortablen zwei mal zwei Metern Naturlatex. Nun haben sie wer weiß wie lange – zwei oder drei Jahre – nicht mehr miteinander geschlafen. Immer ist er erschöpft von der Arbeit. Da kann sie ihren feuerroten Bodystocking mit dem Spitzendreieck zwischen den Schenkeln in noch so verführerischen Posen präsentieren – er schläft ein. Ist es nicht konsequent, daß sie sich einen Liebhaber nimmt? Schwarzgelockt, mit brutalen Schultern oder mädchenblond und zärtlich, je nachdem, was sie in Davids Schublade findet. Einen, der sich von ihr dirigieren läßt, so wie sie es gerade braucht, ein Prachtstück, der immer Lust auf sie hat. Gut, daß sie einander nicht lieben, so wie sie David einmal geliebt hat vor einem halben Leben. All ihre Kraft wurde aufgezehrt vom endlosen Warten auf ihn.

Als sie das leere Süßstofftütchen zwischen zwei Fingern zerdrückt wie ein Ungeziefer und zufällig hinausschaut durch die große Scheibe, vorbei an langen Stangen ineinandergesteckter Eistüten, hinausschaut, weil sie aus den Augenwinkeln eine Bewegung spürt, die nicht aufhört, da entdeckt sie draußen einen Wagen, einen alten verrosteten Renault, der ungeschickt einparkt. Immer wieder setzt er zurück, immer wieder mißlingt ihm der richtige Dreh. Mal ist er links zu dicht am Nachbarn, mal rechts zu weit auf der Straße. Dabei ist Platz genug, denkt Iris und hält noch immer das zerdrückte Tütchen zwischen den Fingern, so gespannt ist sie, ob er es schafft. Erst als er endlich die Lücke im richtigen Abstand ausfüllt, läßt Iris das Tütchen in den Aschenbecher fallen und schaut durch die Scheibe auf den Fahrer. Nach hinten gekämmte kinnlange Locken, fahlblond, aufgeworfene Lippen.

Gespannt schaut sie zu, wie er aussteigt – zerknautschtes Sakko, Jeans –, wie seine Hände die Groschen im Portemonnaie zusammenkratzen, wie seine Stirn sich kraust vor lauter Konzentration, wie er den ersten Groschen in den Schlitz der Parkuhr steckt, fast obszön, denkt Iris und muß sich den Mund zuhalten, um nicht loszuglucksen wie eine Vierzehnjährige. Als habe er seine Zuschauerin gespürt, guckt er plötzlich hoch, durch die Scheibe, vorbei an dem Strauß zusammengesteckter Eistüten mitten in ihren Blick hinein, lächelt ertappt, steckt den letzten Groschen in den Schlitz, schaut noch mal hoch, nun schon bekannt, sie wendet den Blick nicht ab von ihm.

Dann sitzt sie eine geschlagene Stunde bei Schwille, vertilgt einen Campari, einen Kakao mit Sahne, einen Milchshake Mango, noch einen Campari, wartet, daß er wiederkommt, spürt die lebendige Sehnsucht in ihrem Körper pochen. Die, denkt sie mit einem Anflug von Melancholie, hat mir mein Mann abtrainiert. Die war ihm immer lästig, diese Sehnsucht, die unweigerlich in Enttäuschung umschlug, weil mir immer alles zu wenig war, immer eingekreist von Terminen, nie konnte ich mich wirklich entfalten. Warum brauchst du so lange, hießen seine ungeduldigen Stöße, sein drängendes Streicheln, er hatte seine Sache längst erledigt und beendete ihre angestrengte Lust mit einem Kuß wie ein Schlußpunkt: »Schatz, ich muß um sieben aufstehen und fit sein für die Firma.«

Jetzt, durch diesen kurzen Blick, beginnen ihre Sinne sich zu räkeln, aufgestört aus ehelichem Halbschlaf. Allein ihre Liebhaber haben verhindert, daß ihr Körper ganz und gar in Vergessenheit geriet, denn was soll ein Körper, für den niemand Verwendung hat? Ihre Liebhaber halfen ihr, einen letzten Rest Sehnsucht aufzusparen für den Tag, da David, ihr Mann, endlich sagen würde: »Ich habe Zeit, Iris, meine Liebste, wie bin ich dir dankbar, daß du auf mich gewartet hast. Was habe ich dir zugemutet all die Jahre. Jetzt wird sich alles ändern.« Auf diesen Tag hin hat sie gelebt. Für diesen Tag hätte sie jeden Liebhaber freudig geopfert.

Aber nun dieser Blick zwischen den Eistüten hindurch. Sie starrt auf die Straße voll ängstlicher Wonne. Vielleicht kommt er nicht wieder. Er kommt wieder, hier steht sein Auto, diese schreckliche Rostkiste, ich warte auf ihn. Und wenn morgen mein Mann seine Termine abgeschüttelt hat und freudig auf mich zutritt: »Jetzt endlich habe ich Zeit für dich«, dann sage ich freundlich: »Nun ist es zu spät.« Ja, denkt sie, zum ersten Mal habe ich dich betrogen, David, mein Geliebter, der du einst warst, dieser Blick ist mein erster Verrat.

Nachdem sie eine Stunde gewartet hat – was ist schon eine Stunde, wenn man Jahre gewartet hat –, da sieht sie ihn die Straße überqueren, eine eher kleine, schlanke Gestalt in schlechtsitzendem Sakko und staubigen Schuhen. Gemächlich wie jemand, der keinen Zeitdruck kennt, schlendert er zum Auto, steckt den Schlüssel ins Schloß. Wenn er nun nicht aufschaut, denkt sie zitternd. Da hebt er den Blick, seine Hand stockt mitten in der Bewegung des Aufschließens.

Als er sie sitzen sieht, wie er sie verlassen hat, mit demselben Blick zwischen den Eistüten hindurch, da breitet sich ein Lächeln über seinem Gesicht aus, und unmerklich nickt er eine Frage.

Iris versteht sofort. Hastig erhebt sie sich, greift ihre prallen Leinentaschen, wirft einen Schein auf die Theke, stürzt hinaus ohne Wechselgeld, ängstlich, er könne in der Zwischenzeit fortgefahren sein, ängstlich, alles sei nur Einbildung gewesen, ein Mißverständnis. Wie frech und selbstbewußt, dachte sie, habe ich früher geflirtet, wie viele Männer mußte David aus dem Feld schlagen, eh' er mich hatte. Warum fürchte ich, dieser Fremde könnte plötzlich verschwinden, aufgelöst in Nichts.

Aber er sitzt am Steuer, sehr real mit seinen hochgekrempelten Sakkoärmeln, die Schulternaht ist aufgerissen, Nähfäden hängen herum, es juckt sie, die Fäden zwischen die Zähne zu nehmen, um sie abzureißen. Er sitzt nach hinten gelehnt, abwartend. Ein Lächeln breitet sich aus auf seinem Gesicht, als sie schnaufend auf ihn zustürzt. Wie schön, daß sich einer freut, wenn sie kommt.

Sie nimmt neben ihm Platz, verstaut die dicken Taschen auf dem Rücksitz, er dreht den Zündschlüssel und fährt los. Schweigend spüren sie die Spannung wachsen.

Er manövriert das Auto durch die Gassen, ungeschickt wie seine Einparkversuche. Wie ein Fahrradfahrer, denkt sie, der nur alle Jubeljahre Auto fährt. Am liebsten hätte sie das Steuer übernommen. Mit achtzehn hat sie gleich den Führerschein gemacht, täglich prescht sie in die Stadt, immer wieder zahlt sie Bußgeld wegen überhöhter Geschwindigkeit.

Sie erzählt ihm nicht, daß sie ihren Peugeot auf der anderen Seite der Straße, gegenüber seinem eigenen Parkplatz zurückgelassen hat, sie läßt sich kutschieren in diesem verlotterten Kasten. Zwischen all den Zeitungen, Lappen, Bierdosen, all den leeren Zigarettenschachteln, zusammengeknüllten Tüten findet sie kaum Platz für ihre Beine.

Sie geraten auf eine schnelle Durchgangsstraße. Als er Gas gibt, denkt sie für den Bruchteil einer Sekunde: Und wenn er mich nun hinausfährt in die Einsamkeit, mich vergewaltigt ...? Gut, denkt sie trotzig, sogar das wär' mir recht.

Aber da biegt er schon in eine bewohnte Straße ein, schaltet zurück und hält schließlich vor einem heruntergekommenen Mietshaus.

»Nein«, sagt sie plötzlich. Er schaut sie an. Er hat einen freundlich geschwungenen Mund. Davids Mund ist angestrengt dünn wie ein Bindestrich. »Wir gehen zu mir.«

Er sagt nichts, läßt den Motor wieder an, und sie dirigiert ihn: »An der Ampel links, wieder links, jetzt geradeaus, immer geradeaus. Dort hinten, wo das weiße Haus ist, das ein wenig vorspringt, da müssen wir rein. Jetzt wieder geradeaus.« Er zeigt kein Erstaunen über die Gegend, in die sie ihn lotst, Villen, große Gärten, Parkanlagen.

»Stop«, sagt sie, als sie in ihre Straße einbiegen. Er nimmt den Fuß vom Gas: »Hier gibt's ja jede Menge Parkplätze.«

Wortlos steigen sie aus, wortlos gehen sie nebeneinander durchs Eingangstor, den gewundenen Plattenweg entlang. Iris ertappt sich, daß sie stolz ist auf das ansehnliche Gartengrundstück, das sie selbst gestaltet hat, erst auf dem Papier und dann mit Hacke und Spaten und Heckenschere. Sie geht ein paar Schritte voraus, damit ihr Begleiter sich ungeniert umschauen kann.

Iris hat Gartenarchitektur studiert. Voll freudiger Zuversicht mietete sie Räume in der Stadt, um dort zu arbeiten. Seltsam, wie sie im Laufe der Ehe mutlos wurde, unsicher, ob sie der Aufgabe gewachsen sei. Wie gelähmt hat sie die Zeit verstreichen lassen und schließlich die Räume aufgegeben, noch ehe sie einen ersten Auftrag hatte. David tröstete sie scherzhaft, so sei doch das Heimkommen viel schöner für ihn. Seine Frau empfange ihn ausgeglichen und entspannt, statt sich ihrerseits in Arbeitsstreß zu stürzen. Im übrigen koche sie gern und gut, die Putzarbeiten könne man weiterhin einer Hilfe überlassen.

Sie öffnet die schwere Haustür, die zur Einbruchssicherung mehrfach verriegelt ist, und führt ihren Gast quer durch den verglasten Wohnraum direkt hinein ins dämmrige, gardinenverhangene Schlafzimmer.

Als sie die scheuen Blicke ihres Gastes bemerkt, sagt sie beschwichtigend: »Mein Mann ist für ein paar Tage verreist.« Sie lehnt ihre Taschen gegen die Kommode, deutet mit dem Kopf zum Bett hin. »Setzen Sie sich doch.« Er schaut sich um, er entdeckt die Ottomane mit den gedrechselten Beinen, über die sie ihre Unterwäsche geworfen hat, eine Schicht auf der anderen. Bevor er sich setzt, schiebt er die Wäsche, ein duftiges Gewölk von Seide und Spitzen, vorsichtig beiseite, um sie nicht zu zerknautschen. »Möchten Sie einen Rioja?« Er nickt. Sie holt die Flasche und zwei Gläser. »Möchten Sie Musik?« Er schüttelt den Kopf. Er fährt sich mit der gespreizten Hand wie mit einem Kamm durchs Haar. Um sein Gelenk spannt sich eine billige bunte Plastikuhr.

Plötzlich springt er auf, läuft zur Fensterfront und zieht die Vorhänge beiseite, mit einem Schwung, rrratsch, und noch einmal, rrratsch. Er reißt die Fenster auf. Sommerlicht strömt herein. Iris wäre lieber im Halbdunkel geblieben. Im unwirklich Verschwommenen. Nun ist alles so beängstigend konkret. Sie tritt ans Fenster und schaut in den Garten hinaus, flüchtet mit den Blicken aus dem Schlafzimmer in die üppige Pracht der Rosenstauden, der Dahlien, der Begonien, in ein flammendes Gemisch aus Rot und Gelb.

Sie spürt den Mann hinter sich treten, die Baumkronen atmen im Wind, zärtlich flirrt die Sonne durchs Gebüsch.

Da reckt sich verstohlen eine Hand um ihren Körper, tappt über ihren schwarzen paillettenbestickten Body, was für eine häßliche Uhr, schleicht sich unter den Stoff, um hastig ihre Brüste hervorzugraben wie Kartoffeln aus der Erde.

Warum schaut er mich nicht an, denkt Iris, ich bin ein Geschenk, kein Mundraub. Er soll meine geschmackvolle Verpackung genießen, phantasieren, was sie wohl enthält, um dann erst an der Schleife zu fingern, die Hülle zu entfernen. Er hat doch Zeit. Ich laufe ihm nicht davon, verschwinde nicht aus seinen Händen, löse mich nicht plötzlich in Nichts auf, warum diese Eile?

Sie hastet mit ihren Gefühlen hinter ihm her. Hat plötzlich Angst, daß *er* davonläuft, verschwindet, sich in Nichts auflöst, beeilt sich, ihn zu genießen, solange er zu fassen ist, rrratsch, zischt der Reißverschluß ihres Rockes auf, sie schüttelt die Hüften, stampft den Rock zu Boden, schleudert ihn fort mit der Fußspitze, streift die Kostümjacke ab, zerrt die Schuhriemen über die Fersen, schleudert die Schuhe fort, stopft die herausgewühlten Brüste zurück, steht einen reizvollen Moment lang da in ihrem schwarzen Glitzerbody, vollelastisch, ein Traum von Pailletten und Perlen. Welch ein Kontrast zu ihrem Haar, sinnlich blond wie die Sonne. Sie läßt die Haarspange aufspringen, schüttelt das Haar, daß es wie ein gleißendes Cape über ihre Schultern fällt.

Hat dieser Mensch denn noch nie eine Frau aus ihrer Wäsche geschält? Was soll das Geziehe, du leierst mir ja den Body aus. Langsam! Langsam! Schau dir doch an, was du freilegst, statt weiterzurennen, als sei die Polizei hinter dir her.

Als er versucht, auf dem schnellsten Weg zwischen ihre Beine zu gelangen, hält sie ihn sich mit gestreckten Armen vom Leib: »So geht das nicht bei mir.«

Seine Augen sind dunkel vor Trotz. Enge Schlitze vor Trotz.

Schöne Augen. Darüber schöne finstere Brauen, balkengerade, die Nase schmal und senkrecht, ein klargemeißeltes, ein strenges Gesicht, nur der Mund eine üppige Welle.

»Ich lasse mir nichts befehlen«, murmelt er. Da muß sie lachen. Sie läßt ihre Arme fallen und schüttelt sich. Ihre Brüste wippen vor Lachen. Lachend betrachtet sie ihn, seine mißmutige, seine ratlose Miene. »Es ist doch nur ein Spiel«, sagt sie.

Mißtrauisch beobachtet er ihre Vorbereitungen. Sie hebt den schweren Spiegel von der Wand, stellt ihn schräg ans Fußende des Ehebettes, zieht die Vorhänge halb zu, Dämmerung breitet sich aus. »Komm«, sagt sie. Er will nicht, zögert, weiß nicht, was das Ganze soll, was da auf ihn zukommt. Weiß nicht, was sie von ihm wollen könnte, das er nicht bieten kann.

Schließlich fügt er sich und läßt sich umarmen. Ein schmaler muskulöser Körper, eingeschlossen in glatte Haut.

Er scheint nicht gewöhnt zu sein, daß man ihn streichelt. »Es kitzelt«, wehrt er sich, alles kitzelt ihn, was sie mit ihm macht. Wir brauchen mehr Zeit, denkt sie, heute reicht nicht, aber wer weiß, ob wir uns wiedersehen, ich muß den Moment nutzen, das Wort Effektivität fällt ihr ein, das David so oft gebraucht. Wie gern wäre sie noch träumerisch durch die Landschaft seines Körpers geschlendert, aber es beunruhigt sie, daß sein Geschlecht nicht sofort auf sie reagiert. Er liegt ergeben da und läßt sie machen und hält die Augen beharrlich geschlossen, will sich auf ihr Spiel nicht einlassen. Da nutzt ihr auch der raffinierteste Bodystocking nichts. Zornig packt sie sein trotzig schlaffes Glied. Sie hätte es gern liebkost, jetzt muß sie es zwingen. Sie mag nicht einsam an ihm herumstreicheln, während er sich hinter seine Haut zurückzieht, dicht wie Fallschirmseide, und wartet, bis alles vorüber ist. Und siehe da, der Mann funktioniert prächtig und zuverlässig. Er strafft sich, reißt die Augen auf, begreift, daß nun sein Part gefragt ist, wirft sich knurrend herum, auf sie drauf, sie zappelt mit Armen und Beinen, aber sie hat es ja nicht anders gewollt. Er versucht wiedergutzumachen, was er glaubt, nicht geleistet zu haben. Er läßt sich Zeit. Aber es ist nicht die richtige Zeit im richtigen Moment. Sie wird schlaff. Sie langweilt sich, warum braucht er so lange. Er soll sich beeilen. Das ist es nicht, was sie gewollt hat. Aber nun ist es zu spät. Nun wird die Sache durchgezogen, was soll's.

Als er fertig ist, wendet er sich gleich seiner Kleidung zu, um ihr unzufriedenes Gesicht nicht anschauen zu müssen. Sie liegt da, den schwarzen Bodystocking bis zur Taille heruntergerollt, den Schritt geöffnet, das vordere Ende mit den Druckknöpfen schlabbert auf ihrem Bauch.

Sie betrachtet ihn, wie er auf der Bettkante sitzt, die zerzausten Locken im Nacken, den schmalen, unschuldigen Hintern. Demütig fischt er nach seinen Socken, dreht sich nicht einmal um, schamhaft streift er im Sitzen den Slip über, hebt nur kurz den Hintern an, im Sitzen kriecht er in sein Hemd, stopft es rundum hinter den Slipgummi. Plötzlich tut er ihr leid.

Als er fertig angezogen ist, wirft er einen flüchtigen Blick aufs Bett zurück und geht zur Tür. Sie läuft ihm nach, nimmt seinen Kopf und drückt ihm einen Abschiedskuß auf den Mund.

Diesmal vertilgt sie alle Spuren.

Sie zieht ihr neues Blumenset an, das Bustier, den hoch über die Hüftknochen gezogenen Slip mit den gerüschten Beinschrägen. Darüber ihren Bademantel.

Dann wartet sie. Es wird elf, es wird eins, sie beginnt unruhig zu werden. So lange hat sie selten auf David gewartet. Es kommt ihr wie eine Strafe vor für das, was sie getan hat.

Als sie den Schlüssel hört, wie er sich im Schlüsselloch dreht, klopft ihr das Herz, und sie huscht in den Flur, um ihn gleich abzupassen und zu erfahren, was passiert ist.

Da steht er im Türrahmen, beleuchtet von der Deckenlampe, ein schmales Gesicht mit grüblerischen Stirnfalten, trägt er doch die Verantwortung für die ganze Welt. Er geht auf sie zu, was ist mit ihm, hinkt er ein bißchen? Er nickt einen Gruß wie ein Fremder, Schuldgefühle brechen in ihr auf, er geht stumm, sein linkes Bein ein wenig nachziehend, an ihr vorbei ins Schlafzimmer, sie folgt, beunruhigt, denn sein üblicher Gang ist in die Küche an den Kühlschrank für einen Schluck Bier. Ist es möglich, daß er etwas weiß, denkt sie panisch, ich habe doch alle Spuren beseitigt, keine Socke liegt mehr herum. Hat man sie beobachtet mit dem fremden Mann, hat ein Nachbar ihn verständigt? Warum ist er so kalt? Sonst war er immer freundlich, wenn auch zerstreut. Hinkt er, weil er einen Rivalen zusammengeschlagen hat? Das würde ihr gefallen, auch wenn es ihr leid täte um den Verlierer.

Als sie eintritt, steht er vor der Kommode und wühlt in ihrer Wäsche, schiebt Slips und Hemdchen und Bodies, all dieses Gewoge und Gerüsche, achtlos beiseite.

Was sucht er? Weiß er nicht, daß dort nur ihre Wäsche liegt? Er zieht eine Schublade nach der anderen auf und wühlt emsig wie ein Hund, der seinen Knochen ausgräbt.

»Was suchst du denn?« fragt sie zaghaft, wartet ängstlich auf die Antwort, die sich Zeit läßt.

»Himmel!« knurrt er endlich. »Gibt es denn in diesem Haushalt kein Wundpflaster? Irgendwo muß doch Wundpflaster sein.«

»Aber David«, erleichtert tritt sie hinter ihn und legt ihm die Hand auf die gebeugte Schulter, »Wundpflaster ist in der Küche, warum fragst du nicht gleich?«

Als sie zurückkommt ins Schlafzimmer, liegt er schon rücklings auf dem Bett, das sie sorgfältig zurechtgezupft hat, damit man ihm keine fremden Spuren anmerkt. Er liegt da in seinem rosenholzfarbenen Jackett, der schiefergrauen Hose, den rosenholzfarbenen Socken, der breiten palettenbunten Krawatte. Ein Individualist, denkt Iris spöttisch, unangepaßt, man sieht es gleich.

Er hat sich diagonal auf die ganze Breite des Bettes geworfen, wie um zu demonstrieren, daß neben ihm kein Konkurrent Platz hat. Die Hände hinter dem Nacken verschränkt, starrt er an die Decke.

Wenn er sie doch wenigstens anschauen würde.

»Hast du dich geprügelt?« fragt sie scherzhaft und hält ihm die Packung mit dem Pflaster hin. Er richtet sich auf, wirft beide Beine über die Bettkante, er öffnet seinen Hosenbund und lüftet den Hintern, um die Hose herunterzuziehen. Vorsichtig hebt er den Stoff an, der an den Knien festklebt, und schiebt die Hosenbeine in die Kniekehlen. Dann schüttet er die Pakkung mit dem Pflaster zwischen seinen Füßen aus.

Iris starrt auf die blaugefleckten, blutiggeschrammten Kniescheiben. »Was ist passiert? Bist du gefallen?«

Er löst ein großes Quadrat Pflaster aus der Plastikhülle. Sie faßt ihn am Jackenärmel: »Sollte man das Knie nicht vorher desinfizieren? Ich habe Wundpuder im Schrank.« Er klebt das Pflaster sorgfältig an den Rändern fest. Er zieht ein zweites Pflaster aus der Plastikhülle und beklebt die zweite Kniescheibe. Dann sitzt er da, die Hose staucht sich an den Knöcheln, und heftet den Blick auf die Bodendielen zwischen seinen Füßen.

Schließlich gerät er wieder in Bewegung, behutsam schält er sich aus seinem rosenholzfarbenen Jackett.

Sie sieht das zerrissene, fleckige Hemd, hilft ihm, den Ärmel von der Haut zu lösen, Blut beginnt zu fließen, sie eilt in die Küche, holt ein feuchtes Geschirrtuch, wickelt es um den verletzten Arm, verbraucht eine ganze Rolle Tesafilm, um die Bandage festzukleben. Widerspruchslos läßt David alles mit sich machen. Dann fällt er zurück aufs Bett.

»Erzähle«, sagt Iris mütterlich sanft und zieht ihm sorglich die Hose von den Beinen.

David schließt die Augen. »Es ist alles aus«, murmelt er, daß sie ihn kaum versteht.

»Wovon redest du?« fragt sie bang. Hat er seinen Rivalen erschlagen? Wird er sie nun verlassen?

»Sie haben meinen Kontakt zu Greenpeace entdeckt.«

Erleichterung überflutet sie. Fast Genugtuung, als sei die Strafe, die für sie bestimmt war, nun für ihn gedacht.

»Wie ist das passiert?« fragt sie milde.

»Ich nehme an, ich wurde schon lange beobachtet. Sonst hätten sie uns heute abend nicht die Security auf den Hals gejagt.«

»Worum geht es überhaupt?«

Er schließt die Augen. »In unserer Firma werden Giftbasen für

chemische Kampfstoffe hergestellt. Das ist absolute Geheimsache, aber ich hatte jahrelang das Vertrauen der Direktion.«
»Und?«

»Sie wurden zu bestimmten Zeiten nachts auf Lastwagen verladen, die damit in den Nahen Osten fuhren, in den Irak zum Beispiel. Offiziell waren es Sendungen von Medikamenten, alle Papiere waren gefälscht. Ich gab die Informationen an Greenpeace weiter, aber sie brauchten konkrete Beweise. Da habe ich sie heute nacht auf das Gelände geführt, normalerweise wird die Lade-Aktion nicht bewacht. Aber diesmal tauchten überraschend die Security-Leute auf, bedrohten uns, und wir flüchteten. Ich vermute, daß man schon seit langem Werksdetektive auf mich angesetzt hatte, ohne daß ich Naivling es bemerkte.«

»Haben sie auf dich geschossen?«

Er lächelt schwach. »Nein, natürlich nicht. Das wäre ungeschickt von ihnen. Ich bin gestolpert und gefallen, das ist alles.«

Sie betrachtet sein blasses Gesicht, sein verklebtes Haar, das sonst immer tadellos sitzt, sein zitterndes Kinn, als wolle er gleich weinen.

»Das Schlimmste ist«, sagt er, »sie schmeißen mich raus, fristlos natürlich, und ich kann ihnen nicht mal konkrete Schweinereien beweisen. Ich habe zwar die gefälschten Unterlagen kopiert, aber man hätte die Ladung kontrollieren und vergleichen müssen. So ist mit einem Schlag alles verloren: der Job und die Greenpeace-Aktion.«

Seine Hand tastet sich über das Deckbett zu ihr hin, sucht hilflos ihr Knie. Iris schaut hinunter auf diese Hand, auf das breite Platin-Uhrenarmband. Was soll sie mit ihm anfangen, der ihr so unvermutet aus Not in den Schoß fällt. Warum ist er nicht zu ihr gekommen, als er stark war, warum erst jetzt, verletzt und hilflos.

Er knetet flehend ihre Hand, die sie ihm schlaff überläßt. »Wir werden das Haus verkaufen müssen«, sagt er, »auch den großen Wagen.« Er sucht ihre Augen. »Dann habe ich viel Zeit für dich. Das wolltest du doch immer.«

Sie steht auf, geht quer durch das Schlafzimmer zur Kommode, aus den halbgeöffneten Schubladen baumeln bunt die Rüschen und Bänder. Sie stopft sie zurück und schiebt energisch die Schubladen zu.

Dann geht sie ins Badezimmer, zieht sich ihr Nachthemd an und legt sich neben ihn.

»Morgen früh«, sagt sie, »muß ich zu Schwille. Ich habe meinen Peugeot dort stehenlassen.«

Frau ohne Führerschein

Was sie veranlaßte, einen aufmerksamen Blick durch die Windschutzscheibe des Lieferwagens zu werfen, konnte Ria im nachhinein nicht sagen. Sie verzögerte sogar ihren Schritt über die Straße, um noch genauer schauen zu können.

Normalerweise sah sie Autos wie seelenlose Gehäuse, die sich nach festen Regeln um sie herumbewegten, denen sie Platz zu machen gelernt hatte, so automatisch, daß sie, selbst wenn sie vor sich hin träumte, mit dressierter Kopfbewegung erst links, dann rechts schaute, sie war chronische Fußgängerin, ein Fossil ohne Führerschein, aber trainiert im Ausweichen auf den Straßen.

Es machte ihr Vergnügen, am Fußgängerübergang das gelbe Rechteck einzudrücken, den strudelnden Verkehr anzuhalten wie ein Gott.

Wenn sie stolz die Straße überquerte, wenn ihr Blick über die spiegelnde Front der Windschutzscheiben strich, hinter denen sich Schatten von Insassen regten, erst dann wurde ihr irritierend bewußt, daß die blechernen Gehäuse beseelt waren, daß Menschen in ihnen saßen, die den reißenden Strom der Rush-hour in Gang hielten.

Ria lehnte Autos nicht aus Prinzip ab. Die Umweltverschmutzung beschäftigte sie wenig. Es war eher so, daß sie Autofahren fürchtete, daß sie alles fürchtete, das schnelle Reaktionen von ihr verlangte.

Sie brauchte Zeit für Entscheidungen, und wenn es die Entscheidung war, in welche Spur sie sich einfädeln sollte.

Die Großstadt um sie herum lebte im Zeitraffer, als stünde auf der Spitze des Domes ein zentraler Sklaventreiber, der die Sekunden voranpeitschte. Ria, sorgfältig darauf bedacht, ihr persönliches Zeitmaß zu bewahren, erledigte sämtliche Wege zu Fuß oder mit der Straßenbahn oder, im Notfall, mit dem Taxi. Ihr Sohn Jan, der mit achtzehn den Führerschein erwarb, bot ihr Fahrstunden auf dem Übungsplatz an.

»Nein«, rief sie, »ich will kein Teil einer Maschine sein.« Er lachte sie aus. Er schämte sich seiner hinterwäldlerischen Mutter.

An diesem Morgen also – sie war auf dem Weg zum Supermarkt, der sich jenseits der Schnellstraße befand – hatte sie das gelbe Rechteck gedrückt und die Front der Windschutzscheiben abgeschritten wie sonst auch. Da schoß dieser Blick durch das Glas, heftete sich an ihr Gesicht, daß sie nicht wegschauen konnte, daß sie sogar den Kopf zu ihm hingedreht hielt, als ihre Beine schon weitergelaufen waren, daß sie sogar auf der anderen Straßenseite stehenblieb und sich mit dem ganzen Körper zu ihm umwandte. Sie spürte ihren offenen Regenmantel um ihre Waden spielen, spürte ihn vom Hals bis zum Kleidersaum klaffen, ein lachsroter Spalt.

Der Mund lächelte durch das Glas. Der Blick, der sie noch immer festhielt, war so ernst, daß ihr das Herz wie rasend zu klopfen begann.

Da schlug das Fußgängerlicht auf Rot, Motoren röhrten auf.

Entschlossen betrat Ria den Supermarkt, schob ihren Einkaufswagen durch die Gänge, lud ein und stand schließlich wieder am Straßenrand, Plastiktüten im Arm, Tasche über der Schulter. Mit dem Ellbogen drückte sie das gelbe Rechteck.

Aufmerksam schaute sie in jedes Auto, als hoffte sie erneut auf diesen Blick, der sie in Trance versetzen und ihren Schritt verzögern sollte.

Tage später, sie war wieder mit ihrer Einkaufstasche unterwegs, stand der Mann wie ein Wächter im Eingang des Supermarktes, und sie mußte an ihm vorbei. Blick und Mund erkannte sie sofort, aber das Drumherum hatte sie sich anders vorgestellt. Klein war er, kleiner als sie, im abgewetzten Popelinemantel, ein bißchen Humphrey Bogart, dachte sie mitleidig, häßlicher, dachte sie, aber ebenso verloren männlich.

Sie begriff, daß er auf sie wartete, und nickte einen verwirrten Gruß. Mit fahrigen Händen suchte sie ihre Dosen und Tüten zusammen, überzeugt, er sei nur ein Phantom gewesen und verschwunden, wenn sie herauskam. Die Käuferschlange vor ihr an der Kasse machte sie nervös. Aber sosehr sie den Oberkörper reckte, sie konnte nicht sehen, ob er noch den Eingang bewachte. Oder ob er enttäuscht von ihr war, so aus der Nähe, mit allen Falten im Gesicht und windzerfledderter Frisur. Sie mußte geduldig warten, bis die Reihe an sie kam.

Als sie hinaustrat, stand er wie vorher neben der Tür, die Arme steif an den Körper gedrückt, beide Hände in den Manteltaschen.

Sie ging an ihm vorbei, und er setzte sich in Bewegung, um ganz selbstverständlich mit ihr Schritt zu halten, als seien sie ein Paar.

Der Herbststurm hatte die ersten Blätter von den Bäumen gefetzt, sie wateten durch ein gelbgrünes, raschelndes Meer.

Vor ihrer Haustür, gegenüber der lärmenden Baustelle, drehten sie einander die Gesichter zu. Sein Hals, nackt zwischen den lose hängenden Schal-Enden, rührte sie.

Irgend etwas in seinen Augen mißfiel ihr plötzlich, obwohl es sie anzog. Etwas Unstetes flackerte auf, etwas funkelnd Lüsternes.

Er sucht eine Frau, dachte sie nüchtern, zufällig kam ich daher.

Dennoch spürte sie, wie ihr Herz zu flattern begann, dieser einzementierte Vogel Leidenschaft.

»Auf Wiedersehen«, sagte sie und drehte dem Mann abrupt den Rücken zu. Sie schloß, obwohl es Vormittag war, die Haustür zweimal von innen ab, durch das Milchglas sah sie seine Silhouette draußen stehen. Was zittern mir die Hände, dachte sie. Oben in der Wohnung trat sie gleich ans Fenster und schaute hinaus. Er hatte sich eine Zigarette angezündet und schritt langsam den Weg zurück, den sie zusammen gegangen waren, den zu großen Kopf zwischen die Schultern gezogen. Mit den Fußspitzen stieß er wie ein Junge in die Blätterhaufen, die Blätter stoben in die Luft.

Sie begann aufzuräumen und das Essen vorzubereiten. Jan kam mürrisch aus der Schule und verschwand wortlos in seinem Zimmer. Er wird zum Mann, dachte sie, der nur noch Sieg oder Niederlage kennt, der keinen Menschen mehr teilhaben läßt an seinem Leben, und wenn es die eigene Mutter ist, die er immer geliebt hat.

Sie klopfte an: »Komm essen.«

Er setzte sich zu ihr an den Tisch und schaufelte stumm Bratkartoffeln und Frikadellen in sich hinein. Als sie ihm übers Haar strich, drehte er mit einem angeekelten Blick den Kopf beiseite.

Sie ließ ihn in Ruhe und fragte nicht nach. Manchmal kam er dann von selbst und teilte ihr knurrend mit, er habe Streit mit seiner Freundin, Probleme mit einem Lehrer, Ärger im Geschäft. Er arbeitete während seiner Freizeit in einem Software-Shop, wo er gut verdiente. Auf Einzelheiten ließ er sich nicht ein.

Während sie abwusch, hörte sie ihn irgendwann »tschüs« rufen. Kurz darauf ließ er seinen Golf draußen vorm Haus aufheulen, den er sich kürzlich gebraucht gekauft hatte.

Oft kam er erst nachts nach Hause. Dann hielt sie ihm vor, er brauche mehr Schlaf, so kurz vorm Abitur. Er verwies auf seine guten Noten, und sie wußte nichts mehr zu sagen.

Es beunruhigte sie, daß er sein Leben immer mehr von ihr abkoppelte. Sie wagte nicht, sich zu beschweren. Sie wollte keine von diesen Müttern sein, deren Lebensinhalt die Kinder sind. Sie wollte keinen Sohn zum Ersatz-Ehemann.

Ungern brachte Jan Freunde mit nach Hause. Nur selten seine Freundin. Er distanzierte sich dann demonstrativ von seiner Mutter, gab sich betont spröde und spöttisch.

Dabei, dachte Ria, war ich immer großzügig und unkonventionell, was stört ihn an mir.

Sie mochte seine Freundin nicht, ein kokettes Geschöpf, lebhaft geschminkt und provozierend gekleidet. Sie hielt sie für berechnend, hätte ihren Sohn am liebsten vor ihr gewarnt, beherrschte sich aber, um sich nicht ganz seine Liebe zu verscherzen. Manchmal übernachtete die Freundin in Jans Zimmer, und Ria wurde wach vom Luststöhnen ihres Sohnes. Sie lauschte zornig, soviel plötzliche Intimität wollte sie nicht von ihm. Am liebsten hätte sie mit beiden Fäusten gegen die Wand geschlagen, hätte getobt und geschrien, nur damit Jan still war nebenan. Nicht mal bei sich zu Hause hat man Ruhe, dachte sie böse, nicht mal im eigenen Bett.

Am Nachmittag, sie hatte gerade die Küche gewischt, klingelte es. Sie öffnete arglos.

Als der Mann vor ihr stand im abgenutzten Popelinemantel und sie anschaute, da wurde ihr schockartig bewußt, wie sie aussah: ungeschminkt, die graudurchwirkten Locken nachlässig mit zwei Kämmchen hochgesteckt, damit sie ihr beim Putzen nicht ins Gesicht fielen, schlotterige Hosen und ein ausgewaschenes Sweatshirt. Am liebsten hätte sie vor Scham die Tür zugedrückt. Angst hatte sie seltsamerweise nicht, obwohl sie ja ganz allein in der Wohnung war und ihn nicht kannte. Aber wie hypnotisiert trat sie zurück und ließ ihn ein.

»Ich muß mich umziehen.« Sie zog die Kämme aus dem Haar. »Ich sehe furchtbar aus.« Mit gespreizten Fingern versuchte sie ihre Frisur aufzuplustern.

»Sie gefallen mir«, sagte er. »Ich beobachte Sie seit dem Sommer. Ich arbeite dort.« Er trat ans Fenster und deutete auf die Baustelle mit ihren hohen Gerüsten. »Ich bin Bauleiter und überwache mehrere Baustellen in der Stadt. Von da oben«, sagte er, »kann man direkt in Ihre Wohnung gucken. Sie haben ja nirgends Gardinen. Sie sind viel zu Hause. Bei Sonnenschein sah ich Sie oft das Bettzeug über die Balkonbrüstung werfen. Jedesmal stoben die Tauben vor Schreck von den Fenstersimsen.«

Sie ging vor ihm her ins Wohnzimmer, räumte nervös Staubsauger und Wischeimer beiseite, das helle Licht störte sie.

»Was gefällt Ihnen an mir?«

Er sog einen Luftstrom durch die Nase ein: »Mir gefallen Ihre ernsten Augen, die schnell feucht werden.«

Sie standen sich gegenüber, mitten im Raum, sein spitzer Adamsapfel zuckte. »Ich wäre gern Musiker geworden«, er öffnete seine groben Hände, drehte sie traurig, lachte kurz auf und ließ sie fallen, »nun bin ich beim Bau gelandet.«

»Was gefällt Ihnen an mir?«

Er nahm sich Zeit, sie zu betrachten, er sah sich alles an, was nackt an ihr war: Gesicht, Haar, Hals, Hände. Sie spürte sich pulsieren unter seinem verweilenden Blick: »Was gefällt Ihnen an mir?«

Da begann er lächelnd zu schwärmen von ihren rundlichen Wangen, dem widerspenstigen Haar, dem energischen Mund. »Ich bin das Herumstreunen leid. Ich suche einen Ort zum Bleiben ...« Sie soff seine Worte wie eine Verdurstende.

Er stand dicht vor ihr, ein alternder Mann mit gelben Zähnen, riesigen Ohren und einer lächerlichen männlichen Scharte im Kinn. Er sucht eine Pflegerin fürs Alter, dachte sie, eine Putzfrau, einen ruhigen Pol, etwas Warmes fürs Bett, und zufällig kam ich vorbei.

»Was gefällt Ihnen an mir?«

Er strich ihr mit dem Zeigefinger über die Wange: »Ihre Hartnäckigkeit.«

Der einzementierte Vogel zitterte in ihrer Brust. Sie zog den Staubsauger aus der Ecke: »Ich lebe ruhig mit meinem Sohn. Ich bin zufrieden. Ich will nicht die Aufregungen der Liebe. Ich mache gerade auf dem Abendgymnasium mein Abitur nach. Ich will studieren. Die Liebe bringt alles durcheinander ...«

»Nicht, wenn sie erwidert wird.«

Sie stöpselte den Stecker in die Steckdose. »Sie sind weltfremd.«

»Sie waren verheiratet?«

»Lange her.«

Sie drückte den Schalter, der Staubsauger heulte auf, und sie begann ihn ruhig vor sich herzuschieben.

Da traf sie eine Berührung im Nacken, etwas mehr als ein Hauch und schon vorbei, aber das Leben schoß in ihren Körper, daß sie den Staubsauger festhalten mußte, um nicht außer sich zu geraten. Um nicht die Flügel zu entfalten, um sich nicht jubelnd hochzuschwingen in diesen siebten Himmel mit seinen lachenden Schwalben und der gleißenden Lust. Um nicht abzustürzen und zerschmettert zu liegen. Was für eine Qual, die einzelnen Teile zu suchen, um wieder ganz zu werden – mühsame Bastelei –, sich zu panzern gegen weitere Stürze.

Klägliches Lernen der Verkehrsregeln: Wie man geschmeidig aneinander vorbeigleitet ohne Berührung, jeder verkrochen in sich selbst. Augen wie Windschutzscheiben, die Haut ein gepanzertes Gehäuse statt ein Organ des Fühlens, des Kontaktes. Kein Zucken hin zu dem anderen, jeder Wunsch erstickt im Blech.

Nimm Beruhigungsmittel, Ria, gegen die Lebenslust, gegen den Schmerz und die Freude, gegen die Gier nach Mann, gegen das Zittern der Härchen, gegen das Leben. Oder wirf dich hinein in das Spiel ohne Regeln, schrei, wenn du schreien willst, schrei die Nachbarn zusammen, die ganze Welt, ich lebe, ich liebe einen Mann. Sprenge die blecherne Haut, krieche hervor, schillernd nackt, verletzlich schön.

Er fährt ihr mit der flachen Hand über die Wange wie über Seide, daß sie weinen muß, seine Hand wird drängender, sein ganzer Körper will sie trösten, und sie weint und er tröstet und sie weint.

Zum Abschied nimmt er sie innig in die Arme. Sie schaut ihm nach, wie er aus dem Haus geht, wie er einsteigt in seinen Lieferwagen, wie die Tür zufällt, er hupt fröhlich. Spielerisch merkt sie sich seine Autonummer.

Sie hört nie wieder etwas von ihm. Sie hat nichts als seine Autonummer.

Nirwana

Die Frau am Nebentisch hatte das rundliche Gesicht eines alternden Mädchens, noch hübsch, aber es war absehbar, daß es allmählich welken würde wie ein liegengebliebener Apfel.

»Sie sehen traurig aus«, sagte Erhard halblaut, während er sich mit dem Oberkörper zu ihr hinüberneigte. Alle Frauen waren traurig und fühlten sich von ihm erkannt.

Erhard wunderte sich oft, wie Männer, diese Tölpel, glauben konnten, mit Gewalt sei bei einer unwilligen Frau etwas auszurichten. »Sie muß nur mal richtig durchgefickt werden!« Zu Recht, fand er, empörte sich jede Frau über diesen wichtigtuerischen Spruch, der haarscharf an ihren Wünschen vorbeiging.

Die Frau am Nebentisch lächelte wehmütig in ihre Kaffeetasse, nachdem sie Erhard einen kurzen, überraschten Blick zugeworfen hatte.

»Darf ich Ihnen etwas spendieren?« tastete sich Erhard weiter vor. »Einen kleinen Sekt zur Aufmunterung?«

Ihr Lächeln verstärkte sich, aber sie sah ihn nicht an.

»Sie lehnen nicht ab«, sagte er halblaut. »Dann haben Sie also nichts dagegen.« Er winkte dem Kellner und bestellte zwei Pikkolo.

»Ich würde mich gern zu Ihnen setzen«, sagte Erhard und schlug kokett die Augen nieder, »ich bin nur zu schüchtern, Sie zu fragen. Vielleicht geben Sie mir dann einen Korb.«

Schon saß er an ihrem Tisch, nicht zu dicht, versteht sich, damit sie sich nicht bedrängt fühlte, und beobachtete, wie sie mit leicht zitternden Händen das Sektglas hielt. Noch immer schaute sie ihn nicht an. Gerührt betrachtete er den seidig glatten Pagenkopf, den kleinen herzförmigen Mund, der bereits von einem Strahlenkranz Fältchen umgeben war, die harmlose pastellblaue Seidenbluse mit der Schleife unterm Kinn.

»Die Bluse paßt nicht zu Ihnen«, sagte er, »die macht Sie gouvernantenhaft. Ich weiß nicht, ob es an der Farbe oder am Schnitt liegt, dieses Hochgeschlossene ist es wohl, ja, schauen Sie mich an, da sehe ich endlich Ihre Augenfarbe: pastellblau, passend zur Bluse. Vielleicht ist es nur die Schleife, die Sie so streng macht ... «

Mit Befriedigung beobachtete er, wie sich eine fleckige Röte langsam auf ihrem blassen Gesicht ausbreitete.

Erhard galt als ausgezeichneter Liebhaber. Jeder Geschlechtsakt war eine Herausforderung. Keine der zahllosen Frauen, die das Vergnügen hatten, von ihm verführt zu werden, konnte ihm Ungeschick oder Voreiligkeit nachsagen. Besonders angenehm waren ihm die eben Entjungferten, die eine erste unerfreuliche Erfahrung zu verkraften hatten. Er setzte seinen ganzen Ehrgeiz ein, die Lust, die sich hinter ängstlicher Abwehr verborgen hielt, hervorzulocken.

Aber auch die reiferen Jahrgänge schätzte er. Jenen Frauen, die durch schlaffe Brüste und einen faltigen Hals im tiefsten Inneren verunsichert waren, gab er das Gefühl zurück, einen begehrenswerten Körper zu besitzen.

Er selbst war keine ausgesprochene Schönheit, klein und fast kahlköpfig, obwohl erst Ende Dreißig. Aber seine durchtrainierte Figur konnte sich sehen lassen, vor allem jener Körperteil, der im Bett über Sieg oder Niederlage entscheidet. Wenn die erste Arbeit getan war und der Kleine nach überraschend kurzer Zeit von neuem den Kopf zu heben begann, schritt Erhard gerne nackt durch den Raum, um sich der Welt in seiner prallen Pracht zu präsentieren.

Das Ganze hätte allerseits hocherfreulich sein können, wenn es nicht dieses winzige Problem gegeben hätte: Seine erotische Begabung löste häufig Gefühle aus, denen er kaum gewachsen war. Die Frauen – das Alter spielte keine Rolle, es waren auch über Sechzigjährige darunter – pflegten sich in ihn zu verlieben. Natürlich schmeichelhaft, aber auch lästig. Stellen Sie sich vor, jede Frau, die Sie im Laufe einer Woche vögeln, also sagen wir, fünf oder sechs, verliebt sich in Sie und beginnt Sie für die Zukunft zu verplanen. Was bleibt Ihnen übrig als die elegante Flucht? Er begriff nicht so recht, warum sie ihn nicht, nachdem er seine Arbeit ordentlich getan hatte, in Ruhe ließen. Statt dessen löste er Nervenkrisen, Eifersuchtsdramen und nicht enden wollende Weinkrämpfe aus, die er über sich ergehen ließ, unschlüssig, wie er sich verhalten sollte, er, der im Dunstkreis eines Bettes souverän das Spiel der Gefühle beherrschte.

Und da stand sie auch schon wieder, draußen vor dem Schaufenster des Cafés, jene große weißblonde Dame in Jeans, die ihn seit Wochen verfolgte, pendelnd zwischen seiner Wohnung und der Agentur, wo er – inzwischen sporadisch – arbeitete. Sie hatte die flache Hand über die Brauen gelegt, um die Lichtspiegelungen abzuschirmen, und spähte mit zusammengekniffenen Augen in das Innere des Cafés.

Nun hatte sie ihn entdeckt. Resigniert lehnte Erhard sich zurück. Mußte sie ihn ausgerechnet in einer so unpassenden Situation erwischen!

Sie trat ein, überhäufte ihn gleich mit einer Flut Beschimpfungen, die er schon auswendig kannte, er sei wie alle andern Männer, erst habe er sie genossen und dann auf schäbige Art sitzenlassen. Kurz, es war eine jener Trivialpossen, die er so haßte.

Natürlich hielt er es für denkbar, daß er irgendwann eine Nacht mit dieser Blonden verbracht hatte. Aber wie sollte er sich all die zahlreichen Gesichter merken, die ihn irgendwann im Orgasmus angeschrien hatten?

Sanft wiederholte er, er habe sie noch nie gesehen, es tue ihm ausgesprochen leid, sie möge mit ihren unsinnigen Beschuldigungen aufhören.

Er begriff nicht, wie die dankbare Freude dieser Frauen so plötzlich ins hysterische Gegenteil umkippen konnte. Er war kein Vergewaltiger, kein egozentrischer Wüstling, dem nur an der eigenen Lustbefriedigung gelegen war. Setzte er nicht alle Ambitionen ein, um gerade Frauen, die die allerschlechteste Meinung von den Männern hatten, wieder Freude an körperlicher Liebe zu vermitteln? Er sah sich bescheiden als Medium, als eine Art Heiler, tat er doch nichts für seinen eigenen Vorteil. Geld zu nehmen wäre ihm gegen die Ehre gegangen. Zumal er aus wohlhabendem Hause stammte und gerade vier Mietshäuser, fünfstöckig, in gutem Zustand, von seinen Eltern geerbt hatte, außerdem eine Reihe von Aktien sowie zwei Reitpferde und eine umfangreiche Münzsammlung.

Seiner Arbeit als Werbetexter ging er nur noch nebenbei nach. Da er ein genialer Erfinder von knackigen Sprüchen war, zeigte man sich mit seiner freien Mitarbeit einverstanden. Sicher haben Sie schon die Cabriolet-Werbung von ihm gelesen: »Oben ohne für die ganze Familie« oder »Fitneß beginnt im Kopf« – eine Krankenkassen-Werbung.

Doch trotz seiner Zungenfertigkeit gelang es ihm nicht, die rabiate Dame loszuwerden. Gottlob bekam er Unterstützung von dem Kellner, der der blonden Dame erst höflich, dann drohend bedeutete, das Café zu verlassen.

Erhard wandte sich seiner Tischnachbarin zu, unsicher, ob dieser häßliche Auftritt sie abgeschreckt oder fasziniert hatte.

Sie saß stumm da, den Blick gesenkt, kaute auf ihren Lippen herum und schabte nervös die Fingerkuppen gegeneinander.

Als er nach ihrer Hand griff, um sie zu beruhigen, zog sie die Finger wie Schneckenfühler ein. Vielleicht war nun alles zunichte, was er hier mühsam aufgebaut hatte. Ich bin einfach zu gutmütig, dachte er grimmig. Es fiel ihm schwer, eine Frau brutal in die Schranken zu weisen, so wie es viele seiner Geschlechtsgenossen taten, die, wie er fand, zu Recht von den Feministinnen angegriffen wurden. Manchmal schämte er sich fast, ein Mann zu sein.

Andererseits, wie wird man auf menschenfreundliche Art eine Frau los, in der man gegen seinen Willen Gefühlsstürme entfacht hat. Vorbeugend hatte er sich angewöhnt, nicht zu reagieren, wenn sich eine Frau nach dem Geschlechtsakt anlehnungsbedürftig zeigte. Oft ließen sie sich so nicht abwimmeln, und er mußte – ungern – zu härteren Mitteln greifen: den Fernseher anstellen und sich einem Tennismatch widmen. Ivan Lendl gegen Boris Becker. Oder einem Fußball-spiel, Borussia Dortmund gegen Eintracht Frankfurt.

Manche Frauen weigerten sich einfach, diese doch wirklich deutlichen Signale ernst zu nehmen, und schmiegten sich, ohne sich durch Boris Becker stören zu lassen, an ihn. Er haßte es, wenn er spürte, daß es um ihn und nicht um Boris Becker ging.

Wenn eine Frau ihm Geständnisse machte – sie habe sich in ihn verliebt oder sie wolle ihn dringend wiedersehen –, pflegte er mit milder Nachsicht zu antworten: Natürlich freue ihn das sehr, aber er sei nicht fähig zu einer festen Partnerschaft. Leider betrachteten das einige vitale Weiber als Ansporn, sich nun ihrerseits um ihn zu bemühen, mit Blumen, Theaterkarten und anderen Aufmerksamkeiten, auf die er so reserviert reagierte, wie er nur konnte. Ihm lag nun mal der vorsichtige Rückzug mehr als der harte Bruch.

Der Auftritt der blonden Dame hatte ihm die Laune verdorben, und er fragte sich, ob er noch die Mühe auf sich nehmen sollte, diese zaghafte Blume an seinem Tisch zum Erblühen zu bringen. Er spürte große Lust, aufzustehen und zu gehen. Das tat er auch, entgegen seinen Gewohnheiten.

Er murmelte etwas wie: »Vielleicht sehen wir uns wieder.« Sicher war es ungerecht, daß er seinen Unmut auf sie ablud. Er sah durch die große Fensterscheibe, wie sie fassungslos zurückblieb, und ihn überkam ein Anflug von Mitleid … Er ging zurück und legte ihr sein Kärtchen neben das halbvolle Sektglas.

Als er seinen Wagen, der um die Ecke geparkt war, mit völlig zerkratztem Kotflügel vorfand – Nagelfeile, vermutete er, der in solchen Dingen Erfahrungen hatte –, spürte er die kribbelnde Lust in den Fingern, jemanden zusammenzuschlagen. Beiläufig sah er sich um, ob nicht vielleicht ein blonder Haarschopf …

Rachegelüste waren etwas, das er bei sich nicht kannte. Als er nach der üblichen endlosen Parkplatzsuche – sogar tagsüber war seit einiger Zeit kaum noch etwas zu finden – die Haustür aufschließen wollte, stand sie plötzlich neben ihm und lächelte ihn tückisch an. Ihr Haar war modisch jugendlich in einem breiten Streifen rund um den Kopf kurzgeschoren, oben blieb ein dichter weißblonder Schopf übrig. In den ein wenig abstehenden Ohren baumelten große silberfarbene Scheiben. Sie sah jünger aus, als sie vermutlich war.

Als er friedfertig an ihr vorbeiging, die Haustür öffnete, eintrat und die Tür wieder schließen wollte, hatte sie ihren Schuh dazwischengeschoben, einen großen, schmalen Männerschuh. Plötzlich erinnerte er sich an sie. Sie war eine von jenen unglücklichen Frauen mit riesigen Füßen, die ganze Stadtzentren abgrasen können und keinen passenden weiblichen Schuh auftreiben. So mußte sie immer wieder auf Männerschuhe zurückgreifen. Sie hatten sich bei Salamander kennengelernt, er brauchte dringend ein Paar neue Sommersliper. Sie saß gegenüber, probierte mit unglücklichem Gesicht diverse Schnürschuhe an und warf ihm von Zeit zu Zeit einen trotzigen Blick zu. Ihre weißblonde Mähne stand wie ein dichtes Rasenstück in die Höhe.

»Haben Sie schon mal Slipper probiert?« fragte er halblaut. Sie knurrte irgend etwas zurück. Er schob seinen Schuh hinüber, und siehe da, sie hatten dieselbe Größe. Die Slipper waren tatsächlich ansehnlicher als die biederen Schnürschuhe. Sie schritt ein paarmal auf und ab und schaute wohlgefällig die ganze Länge ihrer Jeans hinunter. Beide verließen den Laden mit einem Paar neuer Slipper, sie in Hellbraun, er in Dunkel. Es ergab sich wie von selbst, daß sie zusammen im »Grünen Bambus« zu Mittag aßen. Ebenso natürlich landeten sie anschließend im Bett. Ein bißchen schnell ging ihm das Ganze, einen Hauch würziger Sprödigkeit hatte er ganz gern, der reine Geschlechtsakt war eigentlich, wenn er es recht bedachte, neutral wie eine vegetarische Mahlzeit. Oft vollzog er ihn aus bloßer Höflichkeit. Das Vorgeplänkel jedoch genoß er. Das unterschied ihn wohl auch von den meisten Männern und machte ihn für Frauen so attraktiv, wie er sich bescheiden eingestand.

Jetzt fiel ihm sogar ihr Name ein: Lara hieß sie. So hatte ihre Mutter sie aus Verehrung für den Roman »Doktor Schiwago«

genannt. Sie hatten den ganzen Nachmittag und die folgende Nacht miteinander verbracht, zu lange, wie Erhard jetzt wußte. Dabei war er direkt nach diesem Erlebnis für Wochen verreist gewesen. Er hatte an einem Seminar der »Evangelischen Akademie« in Arnoldshain teilgenommen, nur beiläufig wegen des Themas »Europa ohne Grenzen – Kulturelle Aspekte«. In der Hauptsache ging es ihm um die Begegnung mit attraktiven, gebildeten und aufgeschlossenen Frauen. Es war kaum Gefahr, daß ihm ein anderer Mann ins Gehege kam, denn kulturell interessiert waren offenbar nur Frauen. Sie bevölkerten Fortbildungskurse, Workshops und Exkursionen, und Erhard lernte nebenbei eine Menge neuer Dinge kennen, wie Shiatsu und Bachblütentherapie, das Unterscheiden von Vogelstimmen, Chinesische Elfenbeinschnitzereien in Pariser Museen sowie das Für und Wider des Paragraphen 218. Er besuchte einen Aquarellkurs, obwohl er sich immer für unbegabt gehalten hatte, einen Meditationskurs, der ihn ein wenig langweilte, einen Kurs über ökologisches Bauen und jede Menge Sprachkurse. Und überall begegnete er Frauen, die sich freuten, ihn kennenzulernen. Vor allem die älteren emanzipierten, die ein Leben mit Mann und Familie ausgeschlagen hatten und jetzt in eine Phase des Nachdenkens kamen, zu alt waren für ein Kind – diese Frauen gab es reichlich, und sie fielen ihm nur so in den Schoß.

Mit einer von ihnen, Susanne hieß sie, wenn er sich recht erinnerte, die er in der »Evangelischen Akademie« kennengelernt hatte, machte er gleich anschließend eine Reise nach Prag, diese altehrwürdige Stadt.

Da Susanne zwar allein lebte, aber seit über zehn Jahren in festen Händen war, schien das Risiko mit ihr klein. Erst als sie andeutete, ihr Lebensgefährte sehne sich nach eigenen Kindern, die sie ihm nicht mehr bieten könne, und habe ein Verhältnis mit einer Neunzehnjährigen begonnen, erfand er schnell eine Verlobte und machte sich aus dem Staub.

Kurz darauf stellte diese blonde Frau namens Lara ihn das erste Mal vor der Haustür und bestand darauf, ihn wiederzusehen. Anfangs ließ sie sich vertrösten – er habe viel Arbeit, viel Besuch, wenig Zeit –, aber mit den Wochen wurden ihre Forderungen schriller und ihre Ansprüche hartnäckiger, kurz, sie ließ sich nicht länger abwimmeln. Er mußte sich eine neue Strategie überlegen.

Erst hatte er darauf vertraut, daß sie mit der Zeit erlahmen würde, wie so viele Frauen vor ihr. Als Junge hatte er immer zu kurze Beine gehabt, um beim »Nachlaufen« seine Freunde zu erwischen. Da entwickelte er die Methode des geduldigen Hetzens. Irgendwann ermüdete jeder, das wußte er.

Da stand also dieser hellbraune Slipper im Türspalt. Auf ein Gerangel wollte er es nicht ankommen lassen, das erschien ihm würdelos. Zumal er nicht sicher war, ob er tatsächlich der Stärkere war. Sie hatte erzählt, wie er sich jetzt erinnerte, daß sie regelmäßig Volleyball spielte, täglich eine Stunde joggte und mehrmals die Woche schwimmen ging.

Einen kurzen Moment erwog er, sie hinaufzubitten und sie ohne Umschweife zu vögeln, nur, um sie loszuwerden. Aber sein Instinkt sagte ihm, daß dies eine riskante Lösung war. Frauen waren ja manchmal seltsam. Womöglich sah sie das nicht als energischen Schlußstrich, sondern als Einlenken seinerseits.

»Sie verfolgen und beschimpfen mich. Was versprechen Sie sich davon?« stieg er entschlossen in den Ring, um sie durch einen freundlichen Erstschlag gleich in Verteidigungsposition zu bringen. Schon schäumte sie wieder. Das habe sie ihm ja nun oft gesagt, sie komme sich verraten vor, sie wisse nicht, was sie von ihm zu halten habe, das sei doch nichts Schlimmes, daß sie ihn wiedersehen wolle. Oder?

Wie naiv sie war. Wie sie ihm auf den Leim ging. Sie fuchtelte mehr, als daß sie kämpfte, er hatte sie völlig in der Hand.

»Sie sind verliebt in mich«, stellte er lässig fest. »Und ich bin nicht verliebt in Sie.«

»Schon gut«, stammelte sie und zog ihren Schuh aus dem Türspalt. »Ich will ja nur mit Ihnen reden.«

»Wir reden doch.« Er lächelte innerlich. Gleich würde sie geknickt davonschleichen.

»Nicht hier zwischen Tür und Angel.«

Hoppla. Wie herausfordernd das kam. So schnell gab sie nicht klein bei. Da hieß es wachsam bleiben.

»Gehen wir zum Italiener nebenan«, schlug er zwanglos vor und trat ins Freie.

Sie schien zufrieden, glaubte wohl, einen Vorteil errungen zu haben. Es war eine immer wieder wirksame Taktik, dem Gegner in einem unwesentlichen Punkt entgegenzukommen, um letztlich das Hauptinteresse gegen ihn durchzusetzen.

Sie nahmen gegenüber Platz, zwischen ihnen war die ganze Breite der Tischplatte. Er bestellte eine Pizza, sie einen Espresso, sie könne nichts essen. Selten hatte ihm eine Pizza so gut geschmeckt. Er ließ sich Zeit, und sie beobachtete ihn.

»Sie wecken Erwartungen«, sagte sie, »die Sie nicht erfüllen wollen.«

Er kaute zufrieden auf einem Stück Salami herum.

»Ich meine, was wollen Sie selbst? Sehnen Sie sich nie nach einer festen Beziehung?« Sie begann zu stottern, was sein Interesse weckte. »Verlieben Sie sich nie?«

»Doch, das kommt schon vor«, gab er gutmütig zu.

»Und dann?« hakte sie nach. »Wollen Sie das nicht verlängern?«

»Natürlich«, nahm er ihr den Wind aus den Segeln, »immer, wenn ich verliebt bin, koste ich das Gefühl aus, solange es anhält.«

»Und wie lange hält es an?«

»Sagen Sie«, schmunzelte er und nahm einen Bissen Pizza zwischen die Zähne, »ist das hier ein Verhör?« Mit der Zungenspitze tastete er seine Lippen ab, ob nicht irgendwo ein häßlicher Käsefaden hängengeblieben war.

Sie senkte den Kopf. Er hatte die Situation vollkommen im Griff.

»Ich will Sie nicht kränken«, sagte sie demütig, »aber Ihr Verhalten interessiert mich, rein psychologisch ...«

Er spießte den letzten Happen Pizza auf die Gabel. Warum sich die Frauen immer für seine Psyche interessierten. Er tat, was ihm Freude machte. Basta. Da gab es nichts zu interpretieren. Manche Frauen hatten ihn doch tatsächlich nach seiner Kindheit ausgefragt, etwas, das ja nun Jahrzehnte zurücklag und an das er sich kaum noch erinnerte.

»Irgend etwas in Ihrer Kindheit ist schiefgelaufen«, sinnierte sie.

»Sicher«, sagte er bedächtig. »Wie in jeder Kindheit. Sie selbst haben sicher auch zahlreiche Kindheits-Traumata hinter sich.«

Sie schwieg.

Zufrieden mit sich stellte er den leeren Teller beiseite.

»Ich verstehe Sie nicht«, sagte sie nach einer Weile.

»Wer verlangt das denn von Ihnen?« Er bestellte einen Fernet Branca und ein Glas Wasser, schüttete erst den bitteren Schnaps hinunter und trank dann das Glas Wasser mit einem Zug aus.

»Sind Sie glücklich?« Schon wieder so eine Frage.

»Manchmal ja, manchmal nein«, sagte er geduldig.

»Sie weichen aus.«

»Natürlich.«

»Sie verschließen sich.«

»Sie nicht?«

»Es kommt darauf an.«

»Worauf?«

»Zum Beispiel mit Ihnen. Da habe ich mich geöffnet.«

»Im Bett?« fragte er unvorsichtig.

»Ja, im Bett«, sagte sie heftig. »Und das ist nicht selbstverständlich für mich. Natürlich habe ich mit vielen Männern geschlafen, das ist ja heute üblich. Aber mit den meisten hat es mir keine Freude gemacht. Ich war eigentlich immer auf der Suche. Nicht nach einem Ehemann« – sie langte quer über den Tisch und umschloß sein Handgelenk wie eine Handschelle –, »den hätte ich haben können. Nein, es klingt vielleicht kitschig …« – Erhard zog behutsam seine Hand fort, ihre folgte, ohne ihn loszulassen –, »nach mir selbst, nach einer wirklichen Begegnung.« Mit einem Seufzer ließ sie seine Hand fahren und lehnte sich zurück.

Wie sie sich preisgibt, wunderte er sich. Oder ob das eine neue Taktik von ihr war?

Er wartete vorsichtig ab und registrierte mit Erleichterung, daß sie überschwenglich fortfuhr: »Vielleicht war ich blauäugig. Aber bei Ihnen hatte ich den Eindruck, Sie hätten wirkliches Interesse an mir ... « Sie senkte den Blick, errötend wie eine Fünfzehnjährige. »... es ist mir unangenehm, darüber zu sprechen, weil ... offenbar habe ich mich getäuscht. Aber ...«, fuhr sie auf, »was war das dann? Was haben Sie gefühlt? Wirklich gefühlt, meine ich. Sie wirkten so sensibel, so verliebt, so hingebungsvoll ... was war das gewesen? Masche? Aber kann man Liebe so perfekt spielen? So überzeugend? Ich glaube ...«, und jetzt schien sie mehr zu sich selbst als zu ihm zu sprechen, »ich hänge so an Ihnen, weil ich meine eigenen Gefühle nicht mehr begreife. Offenbar habe ich mich getäuscht. Aber kann man sich denn so täuschen? Ich bin verwirrt, verstehen Sie?«

Sie tauchte wieder auf zu ihm und schaute ihn mit so viel wehrloser Aufrichtigkeit an, daß sein Unterleib sofort reagierte, zuverlässig wie eine treue Maschine. Vorsicht, dachte er, nicht ein zweites Mal mit dieser Frau, sie ist gefährlich.

»Was machen Sie beruflich?« fragte er.

»Gut«, rief sie, »wechseln wir das Thema. Schade, daß Sie mir nicht antworten wollen.«

»Wieso schade?« konnte er sich nicht verkneifen.

Sie hielt den Kopf schräg: »Wollen Sie das wirklich hören?«

»Nur zu.«

Sie lachte kurz und trocken auf, hob feierlich ihre leere Espressotasse, stellte sie wieder ab und straffte die Schultern, als wolle sie zu einem öffentlichen Vortrag ansetzen: »Wir würden gut zusammenpassen. Nicht nur sexuell.«

Er hob eine Braue.

Als er nicht antwortete, schnaubte sie wieder dieses Lachen durch die Nase: »Sie machen mich ganz verlegen. Also, ich hätte gerne eine feste Beziehung mit Ihnen. Ja.« Ohne den Blick zu heben, begann sie nervös ihren Kaffeelöffel in der Hand zu drehen. Endlich schaute sie erwartungsvoll hoch, als habe ihr Vorschlag zwangsläufig etwas bei ihm bewegt.

Er sah sie steinern an.

»Sie sind schwierig« (er fand das gar nicht), fuhr sie fort, »aber ich wäre bereit, Sie zu akzeptieren, wie Sie sind.«

»Das glaube ich nicht«, entfuhr es ihm.

»Wieso nicht?« Achtung, sie wirkte plötzlich frecher als vorher.

»Sie könnten meine Frauengeschichten nicht akzeptieren.«

»Vielleicht fühlen Sie sich irgendwann so wohl mit mir«, sagte sie keck, »daß Sie keine andere Frau mehr begehren.«

Er lächelte milde. Wie harmlos sie war. »Diese Illusion hatten schon andere vor Ihnen«, sagte er trocken.

»Warum wollen Sie mich nicht?« Sie legte ihre ganze Seele in ihren Blick. Erstaunlich, was Frauen investieren können, wenn sie sich einen Mann in den Kopf gesetzt haben. Ihre braunen Augen waren überwölbt von dunklen Brauen, ein seltsamer Kontrast zu ihrer rosigweißen Haut und dem hellen Haar.

»Ist Ihre Haarfarbe echt?« Sie nickte.

»Ungewöhnlich«, sagte er, »die meisten Frauen mit so blondem Haar wie Sie haben es gefärbt.«

»Warum wollen Sie nicht?« wiederholte sie. »Was stört Sie an mir?«

»Sie gefallen mir nicht mehr und nicht weniger als andere Frauen auch«, sagte er freundlich, um sie zu kränken. Irgendwann mußte dieses idiotische Gespräch ja mal zu einem Schluß kommen.

»Also, Sie haben nichts gegen mich?« fragte sie fröhlich.

»Ihr Gefasel geht mir auf die Nerven«, sagte er grantig. »Ich gehe jetzt nach Hause.«

»Darf ich mitkommen?«

Was für eine Frechheit. Er winkte dem Kellner, um die Gesamtrechnung zu bezahlen, wie es seine Art war.

»Wenn ich Ihnen nicht mißfalle«, fuhr sie hartnäckig fort und bedeutete dem Kellner, sie werde ihre zwei Espressi selbst bezahlen, »könnte ich doch jetzt mitkommen.«

»Ich möchte allein sein.«

»Fühlen Sie sich nie einsam?«

»Hören Sie mal zu«, er war nun wirklich wütend, »ich habe

mir Zeit genommen für Sie. Aber jetzt lassen Sie endlich diese Fragerei. Es ist Schluß. Es reicht.«

Sein Wutausbruch schien ihr Freude zu machen. Schon bedauerte er, diese Schwäche gezeigt zu haben. Lächelnd sah sie ihn an.

»Schade«, sagte sie, »wirklich schade.« Ihr Mund war groß und rot wie eine fruchtig-süße Verheißung. (Diesen Vergleich hatte er mal in einem Werbetext für Mangosaft verwendet, stellte er gereizt fest.) Er hätte sie gerne hergenommen, dieses lästige Stück Weiberfleisch, um sie über den Tisch zu werfen und durchzuvögeln, daß ihr jede Lust an ihm vergehen würde.

Sie schien seine Gedanken zu spüren, als er ihr ungeduldig ihre Jeansjacke hinhielt. Etwas blitzte in ihren Augen, ein wortloses Einverständnis, und wollüstig schmiegte sie sich in die Rundung ihrer Jacke hinein. Er widerstand dem Bedürfnis, sie heftig bei den Schultern zu packen, ihr weh zu tun.

»Tschüs«, sagte sie und lächelte ihn an mit ihrem roten Mund.

Er ging, grimmig und geil, fühlte sich merkwürdig stehengelassen. Dabei war er es doch, der ging.

Selten war er so mißgestimmt durch seine große, karg möblierte Wohnung gewandert, erst in die Küche mit den chromglänzenden Schranktüren, die er aufklappte und wieder zufallen ließ.

Eine Zigarette, wo finde ich eine Zigarette, irgendwo hatte er noch ein angebrochenes Päckchen verbunkert, nachdem er letztes Jahr aufgehört hatte zu rauchen, bloß wo? Er zog Schubladen auf und schob sie wieder zu, die meisten waren leer, er trennte sich leicht von Dingen. Gerade gestern hatte er wieder mal in einem Anfall von Säuberungswut eine Menge Plunder wie Postkarten, Briefe und alberne Geschenke in den Müll befördert. Wahrscheinlich war das Zigarettenpäckchen dabeigewesen.

Er warf sich in seinen Relax-Sessel, ein schwarzes, elegant geschwungenes Möbelstück mit glänzenden Metallbeinen, und starrte auf die kahlen Wände.

Er brauchte diese großen leeren Räume, dieses ruhige Schwarzweiß, dieses Nirwana, das ihm noch alle Möglichkeiten des Lebens verhieß.

Mit den Fingerspitzen strich er über die glatte Fläche seines Schädels, sprang auf und schob eine CD ein, Rachmaninow, die Musik hallte einsam durch die Zimmer. Sie kam ihm künstlich vor, blechern, dabei besaß er eine hervorragende Anlage, das Beste, was es zur Zeit auf dem Markt gab. Er schaltete die Musik wieder ab. Die Stille rauschte in seinen Ohren.

Seufzend begann er seinen Gürtel zu öffnen, Selbstbefriedigung war ihm immer als Notbehelf erschienen. Einen Moment erwog er, Lara anzurufen und sie zu sich zu bitten. Er stellte sich vor, wie er sie mit einer scharfen Peitsche schlug, wie sie schrie und wie sich auf ihrer weißen Haut ein abstraktes Muster von flammendroten Strichen bildete.

Doch ihm fiel ein, daß er ihre Telefonnummer gar nicht besaß. Er setzte sich auf und ordnete seine Hose. Ihm war ein wenig übel. Er hätte diese billige Pizza nicht essen sollen.

Da klingelte das Telefon. Er wunderte sich, wie ihm das Herz plötzlich klopfte. Er zögerte eine Weile, den Hörer aufzunehmen. Endlich hob er ab.

»Hier ist Elke.«

»Welche Elke?«

Ein verlegenes Räuspern: »Wir hatten uns heute nachmittag im Café kennengelernt ...«, schamhafte Pause, »erinnern Sie sich, ich trug eine pastellblaue Bluse, und Sie fanden die Schleife spießig ...«

Eine seltsame Mischung von Enttäuschung und Erleichterung breitete sich in ihm aus.

»Natürlich erinnere ich mich«, sagte er zärtlich. »Möchten Sie vorbeikommen? Ich freue mich auf Sie.«

Unter den Platanen

Das Café lag am Rande der Stadt. Es war der erste heiße Tag im Jahr, der Wirt hatte Tische und Stühle auf den Bürgersteig gestellt. In Rechtecken aus Erde, rundum eingepflastert, standen drei Platanen, die Blätter wie gespreizte Hände, und warfen ihre flirrenden Schatten über die Tische.

Frau Martin saß allein, naturfarbenes Leinenkostüm, die Haare frisch gewellt. Einmal im Jahr leiste ich mir den Friseur, hatte sie ihrer Nachbarin erzählt, es ist ja alles so teuer geworden, die übrige Zeit schneidet mir meine Tochter die Haare, sie macht mir eine Dauerwelle aus der Packung, wunderbar, sage ich Ihnen, sie hat Talent.
Heute war ein besonderes Datum, Frau Martin hatte Geburtstag. Wie in jedem Jahr hätte sie ihn fast vergessen, wenn nicht die Glückwünsche von den Kindern gekommen wären. Aber nun wollte sie ihn wirklich genießen. Mit heimlicher Freude sah sie sich um: Es war ganz allein ihr Tag. Kein Mensch wußte, daß die Sonne nur ihr zu Gefallen so sommerlich glühte, daß die Nelken nur ihretwegen in den Vasen dufteten und daß der Wirt die Leinentischtücher nur für sie mit seidig herabhängenden Häkeldecken geschmückt hatte.

Der Kellner kam, ein dunkler, vornehmer Mann, der den Kopf schräg neigte und Frau Martin nach ihren Wünschen fragte.
Sie war verwirrt. Sie hatte noch nicht darüber nachgedacht, was sie wollte.
Möchten Sie die Karte?
Ja.
Er brachte die Karte und reichte sie ihr hin. Als er sie zögern sah, öffnete er sie ihr mit seinen geschickten Fingern, wies auf

die Eisbecher, die farbig abgedruckt waren, einer bunter als der andere, und raunte ihr ins Ohr, an der Theke gebe es alle Sorten Kuchen, sie könne gehen und sich selbst ein Stück wählen. Dann ließ er sie allein mit der Karte und den bunten Bildern. Frau Martin nestelte ihre Lesebrille aus der Handtasche und vertiefte sich.

Seit ihrer Mädchenzeit war sie nicht mehr ausgegangen. Unter den Getränken waren ihr viele fremd. White Lady, Moon Cocktail, Mexican Oyster; am liebsten hätte sie eine Tasse Kaffee genommen, da konnte sie nichts falsch machen. Andererseits filterte sie sich täglich ihren Kaffee selbst, für eine Tasse Kaffee hätte sie nicht herkommen müssen in ihrem guten Leinenkostüm. Es sollte doch etwas Besonderes sein an ihrem Geburtstag.
Russische Schokolade, das klang vielversprechend. Sogar eine Erklärung stand dabei, das gefiel Frau Martin. Und die Abbildung gefiel ihr auch. Ein durchsichtiges Glas mit einer dunklen Flüssigkeit, unten am Boden wirbelte der Zucker, vom Löffel aufgerührt, und oben quoll die Sahne bis über den Rand.
Frau Martin drückte ihren Zeigefinger auf das Farbfoto und suchte den Kellner mit den Augen. Endlich kam er und trat an ihren Tisch.
Eine russische Schokolade mit Sahne, bitte, wie auf dem Bild und mit einem Schuß Rum, wenn es möglich ist.
Sie schaute zu ihm hinauf, wie er den Kopf neigte, ein Lächeln spielte um seinen schwarzen Schnurrbart, er streckte ihr seine Hand entgegen, sie hob den Zeigefinger, er nahm die Karte an sich.

Hübsch, dachte Frau Martin, diese weißen Rohrstühle mit der rundgebogenen Lehne, so etwas würde gut in den Garten meiner Tochter passen.
Die Tische um Frau Martin füllten sich. Zwischen den Tischbeinen wimmelte es von Kindern. Gottlob, dachte Frau Martin, gottlob ist es lange her, daß man sich dauernd um brül-

lende Kinder kümmern mußte neben der Küchenarbeit, jetzt sind sie ja längst aus dem Haus und verheiratet.

Sie dachte an Erich, ihren kranken Mann, den sie acht Jahre lang, bis zum Ende, gepflegt hatte. Er war ein schwieriger Mensch gewesen, mit dem man Geduld haben mußte. Noch während seiner Krankheit kommandierte er sie. Tag und Nacht klingelte er sie mit dem Glöckchen herbei, das für Notfälle an seinem Bett befestigt war. Der Schlaganfall hatte sein Sprachzentrum gelähmt, er konnte nur noch heisere Laute hervorbringen. Dafür gestikulierte er um so heftiger mit seinem gesunden Arm und schüttelte wild das Glöckchen. Er litt, denn kein Mensch hatte mehr Angst vor ihm, auch die Kinder nicht.

Aber als dann die Beisetzung war und der Pastor seine Rede hielt, so eine schöne Rede, da hatte sie doch weinen müssen, und als Erich dann ins Grab gesenkt wurde in dieser winzigen Urne aus falschem Kupfer, da mußte sie noch mehr weinen, sie hatte gedacht, eine Urne sei riesig mit schweren Henkeln wie die bemoosten Urnen auf dem Friedhof, und nun hatten sie Erich in dieses Krüglein gepackt, warum wollte er denn unbedingt verbrannt werden, es blieb ja nichts übrig von ihm, wie tat es ihr weh, daß er, der große kräftige Mann mit der lauten Stimme, in dieses jämmerliche Blechgefäß gesteckt wurde, und er hatte immer solche Angst vorm Sterben gehabt. Ein Sarg wäre nicht so schlimm gewesen mit Erich in voller Lebensgröße, so wie sie ihn kannte, da hätte sie bis zuletzt zu ihm aufschauen können. Aber nun mußte sie immer, wenn sie an ihn dachte, zugleich an diese kupferglänzende Blumenvase denken, in der er lag. Sie war froh, daß er tot war und nichts davon wußte. Er hatte sich sein Begräbnis großartiger vorgestellt.

Wo bleibt meine Schokolade, dachte Frau Martin und schaute dem Kellner zu, wie er in schmaler Hose und bauschigem Hemd von Tisch zu Tisch eilte, das benutzte Geschirr auf sein Tablett stellte und wie er dann, das Tablett balancierend, einen Aschenbecher nach dem anderen in den Treteimer hinter der Tür leerte.

102

Da kamen vier Kinder die Straße heruntergerannt, stürzten auf zwei leere Tische zu und verteilten sich auf den Stühlen. Ein junges Paar folgte lächelnd.

Wie schön, dachte Frau Martin, so eine Familie ist stark, man wird von jedem wahrgenommen, man darf zwei Tische aneinanderrücken. An meinen Tisch kann jederzeit ein Fremder einbrechen.

Der Kellner kam herbei mit der Karte und erklärte geduldig alle Sorten Eisbecher, ehe er die verschiedenen Sonderwünsche auf seinem Block notierte.

Meine Schokolade müßte bald fertig sein, dachte Frau Martin und schaute dem Kellner nach, wie er im Café verschwand. Durch den Eingang sah sie die düsteren Umrisse der Theke.

Ein Stück Apfelkuchen wäre nicht schlecht, dachte sie, aber erst möchte ich meine Schokolade.

Der Kellner brachte auf seinem Tablett riesige bunte Eisbecher, geschmückt mit Fähnchen und Schirmchen, verteilte sie auf den zwei zusammengestellten Tischen und kehrte zurück ins Café. Drinnen setzte Musik ein und brüllte aus der Tür, daß Frau Martin zusammenschrak und ihr Herz wild zu klopfen begann. Die anderen Gäste rührten ruhig in ihren Tassen und wippten mit den Fußspitzen.

Warum dauert meine Schokolade so lange, dachte Frau Martin, aber ich habe ja Zeit.

Die Baumkronen über ihr wurden unruhig, der Wind kribbelte durch das Blattwerk, schoß plötzlich mitten hinein und scheuchte es, daß die Lichtflecken über Tisch und Stühle tanzten.

Da sah sie sich auf einmal vor der Gaststätte ihrer Eltern stehen. Hinter ihr kreischte die Musik, über ihr wogte das Blätterdach der Platanen, und sie dachte: Wenn ich jetzt tot umfalle, keiner würde es merken. Der Vater stand in der Küche mit dem Beil und zerhackte das Schwein in Schnitzel und Koteletts, und die Mutter zapfte das Bier und ließ sich von den Männern kneifen, und manchmal ging sie mit einem hinauf in die Kleiderkammer und rief: Ilse, Schätzchen, bediene weiter, ich bin gleich zurück. Und sag dem Papa nichts.

Und Ilse zapfte Bier, und die Männer griffen ihr unter den Rock, aber man durfte nicht schimpfen, sonst kamen sie nicht wieder, und einmal lauerte ihr der Sohn des Gemüsehändlers auf und war betrunken. Ich schlag dich tot, sagte er, wenn du irgend etwas erzählst. Und sie hat niemandem irgend etwas erzählt.

Aber sie wollte kein Bier mehr zapfen, wenn der Sohn des Gemüsehändlers da war, und lief vor ihm davon und versteckte sich und kam zu spät zum Abendessen, und der Vater verdrosch sie.

Meine Schokolade, dachte Frau Martin und drehte den Kopf nach der Tür, er soll mir meine Schokolade bringen.

Da schrie plötzlich am Nebentisch das kleinste Mädchen und haute mit dem Löffel blindlings auf die Eisballen des Vaters ein. Sein Hals schwoll rot an über dem Hemdkragen. Doch bevor er zuschlagen konnte, hatte die Mutter beschwörend ihre Hand auf seine Hand gelegt, die Eheringe blitzten. Das Mädchen krümmte sich und schwieg.

Frau Martin schaute auf ihre Armbanduhr, ein Geschenk von Erich. Ob der Kellner mich vergessen hat? Sie schüttelte den Jackenärmel wieder über die Uhr. Er wird schon kommen, dachte sie, er hat sicherlich viel zu tun.

Alle Mädchen besaßen einen Freund, erinnerte sie sich, nur sie nicht, und endlich kam Erich, und sie war schon dreißig, und er wollte sie heiraten, wie war sie glücklich. Man muß Geduld haben im Leben.

Nachdem das Ehepaar und die Kinder ihre Eisbecher leergegessen und geräuschvoll die Tische geräumt hatten, kam der Kellner. Er stellte die klebrigen Becher auf sein Tablett, sammelte die zerfetzten Fähnchen und Schirmchen ein, legte sich die buntbekleckerten Häkeldecken und Tischtücher über den gewinkelten Arm und verschwand, ehe Frau Martin eine Lücke in seinem emsigen Tun erwischte, um ihn anzusprechen.

Die Sonne sank hinter die Häuser. Unter dem Blätterschatten der Platanen wurde es kühl. Einige Gäste zogen ihre Mäntel an, andere gingen hinein ins Café, um zu zahlen.

Auch Frau Martin begann zu frösteln.

Meine Schokolade wird mich aufwärmen, dachte sie und reckte den Hals nach dem Kellner. Als er sein Tablett, voll mit schmutzigem Geschirr, an ihr vorbeitrug, versuchte sie seinen Blick zu erhaschen, aber er lächelte über sie hinweg. Sie sah ihm nach, wie er ins dunkle Innere des Cafés trat, über den blumengemusterten Teppich bis hin zur Theke.

Hallo, rief Frau Martin, aber er drehte sich nicht um.

Geduld, dachte sie, er wird mir meine Schokolade schon bringen, ich muß nur Geduld haben.

Es dämmerte. Die letzten Gäste hatten das Café verlassen.

Der Kellner trat ins Freie. Hallo, flüsterte Frau Martin, er ging von Tisch zu Tisch, sammelte die Häkeldecken über seinem Arm, brachte sie hinein, kam zurück, schüttelte die Tischtücher aus, faltete sie. Hallo, hauchte Frau Martin, er trug die Tücher hinein.

Wenig später war er wieder da. Bitte, sagte Frau Martin, meine Schokolade! Er rückte die Tische an die Hauswand, einen nach dem andern, und stellte die Stühle mit den Sitzflächen auf die Tischplatten. Nur ihren Tisch ließ er unberührt, und sie rief ihn noch einmal, als er zurück ins Café gehen wollte.

Da drehte er sich herum, die Hand am Türrahmen, schaute ihr geradewegs ins Gesicht: Feierabend! und ging hinein.

Der Wind schoß durch die Baumkronen und ließ die Blätter aufschäumen.

Ilse stand allein vor der Gaststätte ihrer Eltern, drinnen schrie die Musik, und die Männer lachten. Sie hörte die Schritte erst, als sie dicht neben ihr durch den Sand knirschten.

Und sie hat niemandem irgend etwas erzählt.

Ein Tanz im Mai

Ilona war zu schön für die Kleinstadt.

Selbst die Pubertät, in der ich wie alle anderen unter Pickeln litt, überstand sie ohne Schaden. Sie war groß und überschlank, so wie die Mannequins in den Modezeitschriften, wo wir uns kosmetischen Rat holten und erfuhren, was man tut, wenn ein Junge einen küssen will.

Ich hatte wenig Chancen; im Gegensatz zu Ilona, die hübsche Andeutungen von Waden, Busen und Po besaß, stakste ich auf dürren Stelzbeinen, die Schultern eckig und die Brust flach wie ein Frühstücksbrett.

Immer wieder – obwohl es mich schmerzte – verglich ich uns beide im Spiegel und genoß selbstquälerisch den ästhetischen Unterschied. Meine knochigen Ärmchen – ihre zarten Frauenarme, bedeckt von einem sanften Flaum. Mein dünnes aschfarbenes Haar – ihre goldene Mähne. Mein winziges, schon jetzt verkniffenes Mündchen – ihr voller Mund. Meine blassen wimperlosen Augen – ihre großen, immer ein wenig feucht schwimmenden Augen, die Dichter aus früheren Zeiten zu Metaphern wie »blaue Waldseen« animiert hätten.

Während der ganzen Schulzeit waren wir unzertrennlich. Wobei auch der charakterliche Gegensatz zwischen uns nicht krasser sein konnte: Ich war altklug und zielstrebig, sie eher langsam und umständlich. Die Schulstunden pflegte sie gedankenlos zu verträumen, schrak höchstens hoch, wenn der aufgebrachte Lehrer sie direkt ansprach. Dann stammelte sie errötend wirres Zeug, und ich freute mich einen Moment lang an ihrer Blamage, ehe ich ihr die richtige Antwort zuflüsterte. Nur mit meiner Hilfe schleppte sie sich von Schuljahr zu Schuljahr, bis sie endlich mit der mittleren Reife aufgab.

Beide profitierten wir voneinander. Ich ließ sie großzügig an meinem Wissen teilhaben und hielt mich dafür an ihrer Seite, wenn wir auf eine private Party eingeladen waren oder in die Disco tanzen gingen. Ein bißchen Glanz strahlte von ihr auf mich ab.

Seltsam war, daß ihr die Jungen nur nachgafften, sich aber keiner ernsthaft um sie bemühte. Ich hatte sehr schnell meinen ersten Freund. Sie stand, zu meiner großen Überraschung, auf Festen oft allein. Das mochte an ihrer stolzen, abweisenden Miene liegen, hinter der sie ihre Enttäuschung verbarg.

Selbst als sie nach der Schule in die Großstadt übersiedelte – ich folgte später nach, um zu studieren –, änderte sich nichts. Zwar hatte sie bald eine Unmenge von Betterlebnissen, aber keinen festen Partner. Die Männer schienen am Morgen aus ihrem Bett zu flüchten. Ich erklärte ihr damals mit ein wenig boshafter Genugtuung, die Männer fühlten sich erschlagen von so viel stolzer Pracht. Sie war üppiger geworden, denn sie aß gern. Ein paar Kilo mehr an Gewicht lassen viele Frauen plötzlich unproportioniert wirken, aber Ilonas Schenkel, Hüften und Busen hatten sich in einem erstaunlichen Ebenmaß gerundet.

Ich begriff sehr gut, daß die Männer sich winzig und unbedeutend fühlten neben ihr, und wer mochte das schon auf die Dauer aushalten? Zudem schliefen die Rivalen nicht. Bald käme jemand Besseres und machte einem den Besitz streitig. Lieber weniger Schönheit und mehr Sicherheit, war die Devise. Die große Risikofreude des Mannes ist doch nichts als ein Mythos, wußte ich schon früh, in Gefühlsdingen ist er ängstlich. Eine Frau gibt alles auf für die Liebe. Sogar sich selbst.

So eine Frau wollte ich niemals werden.

Ilona begann ihre Schönheit als Fluch zu empfinden. Das Leben war leider ganz anders als im Kino, wo atemberaubende Blondinen von starken Männern erobert wurden. Sie war der wechselnden Partner bald überdrüssig und hätte den erstbesten Idioten genommen, der versprach, bei ihr zu bleiben.

Seltsam war, daß kein Mann begriff, daß bei einer Frau wie ihr keine Gefahr drohte, so beeindruckend auch ihre Erscheinung war. Bei aller Freude an modischen Kinkerlitzchen war sie anspruchslos, hatte etwas gutmütig Träges, das – jetzt werde ich wieder boshaft – an eine wiederkäuende Kuh erinnerte. Sie konnte zum Beispiel geduldig schweigen, wenn ein Mann in stundenlangem Monolog sich glaubte darstellen zu müssen und sie nicht zu Worte kommen ließ. Sie versuchte sich höflich zu konzentrieren, nickte an den richtigen Stellen und ermutigte durch ein »Hm« oder ein zustimmendes Lächeln. Etwas, das die Männer gewöhnlich sehr anzieht. Denn, was nützen ihnen ihre Vorträge, wenn der Beifall fehlt?

Ich war widerspenstig und kritisch, allerdings nur da, wo nichts auf dem Spiel stand. Als ich beschloß, eine Familie zu gründen, und mich unter meinen Kommilitonen umsah, hütete ich meine scharfe Zunge.

Karl, der wie ich Chemie studierte, schob auf meinen Rat hin alle politischen Skrupel beiseite und ging in die Industrie, wo er gut verdiente. Zwei Kinder wollte ich von ihm haben, ohne als Hausfrau und Mutter verkümmern zu müssen. Sobald die zwei Buben dem Babyalter entwachsen waren, suchte ich mir ein Au-pair-Mädchen und verbrachte den größten Teil meiner Freizeit mit Tennis und Squash, außerdem lernte ich Gitarre und nahm Gesangstunden. Mein Studium griff ich nicht wieder auf, obwohl mir Karl das nahelegte. Mir ging es mehr um Selbstverwirklichung als um wissenschaftliche Erkenntnisse.

Ilona besuchte mich oft, meist unglücklich verliebt in irgendeinen Trottel, der sich entzog. Allmählich begriff ich, daß nicht die Schönheit ihr großes Problem war, sondern ihre Unfähigkeit, einen Mann – der ja immer Gründe findet zu gehen – festzuhalten. Freiwillig hatte auch Karl mich nicht geheiratet. Ständig erzählte er mir Schauergeschichten aus der Ehehölle seiner Eltern, und wenn ich ihn nicht immer wieder unbekümmert mit meinem Ehewunsch konfrontiert hätte – wobei ich alle Register zog bis hin zur Schwangerschaft –, würde er heute noch verloren durch die Gegend latschen,

Asphaltcowboy, und sich die Hucke vollsaufen mit seinen einsamen Kumpels, die alle nicht das Examen geschafft hatten.

Nur durch eine Frau, die weiß, was sie will – das zeigte mir mein weitläufiger Bekanntenkreis –, wurden Männer überhaupt fähig, sich auf so was wie Bindung einzulassen und ihre fragwürdige Freiheit aufzugeben.

Die ohne Frau bleiben, verdammt zum Herumstreunen, vertreten durch den Anrufbeantworter, sind vielleicht kompromißloser sie selbst, aber was ist das denn für ein Selbst. Eins, das sich im Kreis dreht, vielleicht ewig jung bleibt, sich nicht anpaßt – gut –, aber sich auch nicht entfaltet. Ein Bündel Triebe, hin- und hergeworfen vom Zufall, mal hier, mal dort strandend, ein spontanes Selbst ohne Zukunft, ohne Vergangenheit, mehr ein Entwurf als Realität.

Ich habe mein Leben immer eigenständig in die Hand genommen und bin gut damit gefahren. Wie dumm war Ilona! Was hätte ich alles angefangen mit diesem Kapital an Schönheit! Und sie hockte auf ihrem hübschen Hintern, der zu nichts nutze war, und blies Trübsal. Wen hätte ich alles kriegen können mit diesem Körper, mit diesem Gesicht.

Karl war eine Notlösung gewesen, kein schlechter Griff, natürlich, aber nicht der Mann, den ich liebte. Mike, den ich auf dem Tennisplatz kennengelernt hatte, war ein gutaussehender Sonnyboy aus einer Arztfamilie, alle Frauen liefen ihm nach. Ich sah mit einem Blick, daß meine Chancen klein waren, so wie ich aussah und mit meinem Vater, der nur Angestellter beim Finanzamt war.

Karl war nicht hübsch, ein wenig grobschlächtig und ungelenk, daher schmeichelte ihm mein Interesse, und er war eher geneigt, mir nachzugeben.

Ich mußte immer kalkulieren, wenn ich es im Leben zu etwas bringen wollte. Selbst der Liebe meiner Eltern war ich mir nie sicher. Selbstverständlich bevorzugten sie meinen Bruder, und nur durch besondere Leistungen errang ich kurzfristige Aufmerksamkeit.

Ilona, das verhätschelte Kind einer Witwe, hatte sich nie für die Liebe anstrengen müssen so wie ich. Aber darum hatte sie auch keine Taktik entwickeln können, keine Tricks, keine Raffinesse und war völlig ratlos, als sich die Männer in sicherem Abstand hielten, statt ihr zu Füßen zu liegen.

Manchmal hatte ich Mitleid mit ihr.

Ich riet ihr, die Haare abzuschneiden und in schlichter Kleidung ohne Make-up auszugehen. Aber das wies sie entrüstet zurück, obwohl sie sonst viel auf meine Ratschläge gab.

Es war ihre Natur, schön zu sein. Es wäre ihr wie ein Identitätswechsel vorgekommen, wenn sie plötzlich durchschnittlich aussähe. Sie wollte Prinzessin bleiben, sich erobern lassen. Nur ließ ihr Prinz auf sich warten.

Viele Stunden am Tag verwendete sie auf die Pflege ihres Körpers. Keine Creme, kein Shampoo, kein Parfüm war ihr zu teuer. Sie durchstreifte die Stadt nach ausgefallener Kleidung und betrachtete sich versunken im Spiegel, auf eine seltsam unschuldige Art in sich vernarrt wie in ein kostbares Bild. Mit ihr zusammen durch die Stadt zu schlendern war immer ein erregendes Spießrutenlaufen, kein Mann, der sich nicht umgesehen hätte. Sie brauchte diese Blicke, sie brauchte das Begehren, das sie in den Augen der Männer glimmen sah. Sie hätte es nicht ertragen, wenn man ihren Körper, ihr Gesicht nicht ununterbrochen gefeiert hätte, sie wäre zu einem Nichts geworden.

Schon als Mädchen hatte sie ihr ganzes Taschengeld für modischen Plunder vergeudet. Ihre Mutter gab jedem ihrer Wünsche nach und putzte sie heraus wie eine Schaufensterpuppe. Dabei ging es ihr finanziell schlecht. Der Vater war Gitarrist in einer Band gewesen, ein geschickter Schürzenjäger, charmant und unbekümmert. Sie hatte sich gleich in ihn verliebt, nach einer Woche war er verschwunden mit seiner Band. Sie wußte nicht einmal seinen vollständigen Namen und sah ihn nie wieder. Die Schwangerschaft war das einzige, was er ihr hinterließ. Sie brachte sich und Ilona mit armseligen Jobs durch, bis hin zum Reinigungsdienst in Großraumbüros.

Dabei war sie als Pianistin ausgebildet und hatte auf großen Bühnen gestanden. Als sie das tänzerische Talent ihrer Tochter bemerkte, bezahlte sie ihr Ballettstunden. Der Kleinen aber fehlte der Ehrgeiz, sie begnügte sich mit der Bewunderung von ungeschulten Nachbarn und Mitschülern und war nicht bereit, sich darüber hinaus anzustrengen. Statt also nach dem Schulabschluß die tänzerische Ausbildung energisch fortzusetzen, jobbte sie zunächst in einer Boutique, um dort Modellkleider zum Sonderpreis kaufen zu können, dann arbeitete sie als Pediküre und schließlich als Friseuse in einem kleinen Damensalon.

Sie tanzte immer gern, aber nur privat. Ich dagegen begann noch einmal Tanzstunden zu nehmen, besuchte mehrere Fortgeschrittenenkurse und arbeitete mich bis auf die Turnierebene vor. Einige Male ging ich mit Ilona in die Disco, aber mich ärgerte das Aufsehen, das sie mit ihren Spontanauftritten erregte, schließlich war ich inzwischen die weit souveränere und raffiniertere Tänzerin.

Das Tanzen war keineswegs Ilonas einziges Talent. Sie besaß Geschick in vielen Tätigkeiten, die Fingerspitzengefühl verlangten, wie Kochen, Nähen und auch Frisieren. Allerdings vertrug sie nicht die leiseste Andeutung von Druck. Sobald zügige Leistung von ihr verlangt wurde, versagte sie.

Ihre Chefin Angela war ausgesprochen geduldig mit ihr und ließ sie an hektischen Tagen einfache Arbeiten erledigen wie Haare waschen, Kaffee kochen oder Lockenwickler aufdrehen.

Gelegentlich verirrten sich Männer in den Salon, Ehemänner oder Freunde der Kundinnen, denn die Chefin war als ausgezeichnete Haar-Stylistin bekannt.

Eines Tages – es war Hochbetrieb – schneite ein Typ herein, den keiner kannte, klein, untersetzt, in Jeans und kurzer, an den Schultern mächtig gepolsterter Lederjacke. Das Haar um die Glatze herum fiel in grauen Strähnen bis auf den Kragen.

Die Hände in die Seiten gestemmt, stand er mitten im Raum und verlangte mit Donnerstimme eine Dauerwelle.

Alles wandte sich ihm zu. Angela, die Chefin, führte ihn gelassen zu einem freien Sessel, flüsterte ihm zu, er werde eine Weile warten müssen. Wenn er pünktlich bedient werden wolle, müsse er Tage zuvor einen Termin festmachen. Er schaute auf die Uhr, eine schwere Rolex, und wiegte den Kopf, entschloß sich dann aber doch zu bleiben.

»Möchten Sie einen Kaffee?« fragte Ilona.

Der Mann schaute hoch und pfiff leise durch die gespitzten Lippen. Seine schwarzen Augen, schmal wie Striche, flitzten über ihr Gesicht und dann über ihren Körper. »Ja.«

Ilona drehte sich abrupt um – nicht einmal »bitte« hatte er gesagt – und füllte eine Tasse. »Mit Milch und Zucker?« rief sie hinter dem Vorhang hervor, der die Kochnische vom Frisierraum abtrennte.

»Schwarz!« rief er zurück.

Als sie kam, blätterte er nervös in einer Zeitschrift, ohne zu lesen.

»Wie lange, meinen Sie, muß ich warten?« brach es schließlich aus ihm hervor.

»Wenn ich Ihnen die Dauerwelle machen soll«, sagte die Chefin ruhig, während sie einen Lockenwickler feststeckte, »etwa eine Stunde. Wenn Sie sich unter Ilonas Finger wagen, sofort.«

Er schaute rasch hoch zu Ilona, die – rot geworden – ihre Hände auf dem Rücken versteckte wie ein kleines Mädchen, und dann wieder zur Chefin. »Was ist der Unterschied?«

Die Chefin lächelte: »Ilona verträgt keinen Streß.«

»Was soll das heißen?«

Die Chefin schwieg einen Moment, während sie eine Haarsträhne mit einer beißenden Flüssigkeit einsprühte. Dann: »An Tagen wie heute mißlingt ihr alles.«

»Wird schon nicht so schlimm sein.« Er setzte sich zurecht und winkte Ilona mit dem Kopf herbei: »Los, fangen Sie an.«

Ilona, verärgert über die Bloßstellung durch die Chefin, beschloß, besonders sorgfältig zu Werke zu gehen und sich von der nervösen Betriebsamkeit der anderen nicht anstecken zu lassen. Sie legte ihm einen Plastikumhang über die Schultern und schob – bevor sie den Klettverschluß im Nacken zusammenklebte – mit der flachen Hand sein Haar nach oben, damit es nicht eingeklemmt wurde. Ein flüchtiger Blick in den Spiegel verriet ihr, daß er jeden ihrer Handgriffe konzentriert beobachtete.

Ein wenig zittrig hob sie seinen Kopf an den Wangen über das Waschbecken, um das Haar einzuschäumen. Er sah häßlich aus mit diesem angeklatschten Haar, ein grobes Gesicht, kräftige Nase, dicker Mund. Ilona erschrak, als sie die Lust ankam, ihn zu küssen.

Sie begann ihm die Kopfhaut zu massieren, wie eine Geisha kam sie sich vor. Sein wohliges Knurren hatte etwas peinlich Obszönes, das einen erregenden Kitzel in ihr auslöste. Sie dehnte die Kopfmassage so lange wie möglich aus, bevor sie das Haar spülte und mit einem Handtuch trockenrieb.

»Schneiden?«

Er schüttelte den Kopf. Sie verteilte Dauerwellflüssigkeit auf dem Haarkranz rund um seine Glatze und begann, Strähne für Strähne auf kleine Wickler zu drehen. Nur ein paarmal verheddert sie sich in seinen Haaren, so daß er aufschrie. Grimmig beobachtete er ihre Finger, die ihn mit jedem Wickler mehr verunstalteten. Am Ende wurde die Heißlufthaube über das Werk gestülpt.

Ilona atmete auf, daß sie die Prozedur ohne größere Katastrophen hinter sich gebracht hatte. Sie reckte sich an ihm vorbei über das Becken, um sich die Hände zu seifen. Da spürte sie eine sachte Berührung ihre Hüfte entlangstreifen, ganz eben nur, ganz flüchtig, und es durchschoß sie ein süßes, wehes Gefühl, das kaum zu ertragen war. Abrupt wandte sie sich ab und trocknete sich die Hände. Aus den Augenwinkeln sah sie, daß ihr Dauerwellenkunde unschuldig in eine Zeitung vertieft war.

Sie wandte sich ihm wieder zu, um die Kaffeetasse wegzuräumen, kippte den kleinen Kaffeerest ins Waschbecken, spülte nach und begriff plötzlich, daß sie sich mit Absicht in seiner Nähe herumdrückte, weil sie sich schmerzlich nach weiteren Berührungen sehnte. Sie hörte ihn die Zeitschrift umblättern und spürte die mißbilligenden Blicke der Chefin im Rücken, der sicher sofort aufgefallen war, wie sie unnütz um den Kunden herumstrich. Als nichts geschah, setzte Ilona mit unwilligem Geklapper die Tasse auf die Untertasse, trug beides hinter den Vorhang und begann abzuwaschen.

Das Ergebnis der Dauerwelle fiel nicht zur Zufriedenheit des Kunden aus. »Zu klein gelockt«, sagte er mürrisch.

»Das gibt sich mit der Zeit«, rief die Chefin fröhlich zu ihm hinüber. Er machte eine wegwerfende Handbewegung, zückte die Brieftasche und blätterte achtlos in einem dicken Packen Scheine.

Am Sonntagmorgen rief er an, nannte sich Marko und wollte sie zum Frühstück einladen. Ilona, noch ganz verschlafen, erkannte ihn gleich an der Stimme.

»Woher haben Sie meine Nummer?«

Er lachte. »Erst wollte Ihre Chefin sie nicht rausrücken. Aber als ich drohte, jeden Tag vorbeizukommen, um mir von Ihnen die Haare waschen zu lassen, gab sie nach. Wie sieht es mit Ihrem Hunger aus?«

Sie schaute auf die Uhr. »Es ist elf. Bißchen spät fürs Frühstück.«

»Gut, dann gehen wir Mittag essen. Ich klingele um zwei.«

Kopfschüttelnd über sich selbst und ihre schnelle Zusage trat sie unter die Dusche und versuchte mit Heiß-Kalt-Wechseln wach zu werden.

Sie wußte nichts über ihn. Weder, was er beruflich machte, noch ob er verheiratet war. Sicher war er verheiratet. Sonst hätte er nicht den Mut gehabt, so unbekümmert auf sie zuzugehen.

Sie nahm ein Vollbad, bürstete sich anschließend am ganzen Körper, bis ihre Haut krebsrot prickelte, wusch sich das Haar, obwohl das Trocknen bei der Länge und Fülle immer eine umständliche Prozedur war, schnitt sich die Nägel und versah sie mit einer neuen Lackschicht. Dann ölte sie sich von Kopf bis Fuß ein, sprühte einen Hauch Eau de toilette auf Brustansatz und Nacken und durchsuchte ihren Schrank seufzend nach passender Garderobe.

Nachdem sie ein Kleidungsstück nach dem anderen ausprobiert und wieder verworfen hatte – mal fühlte sie sich zu auf-

114

fallend, dann wieder zu schlicht –, schlüpfte sie in ihr schilfgrünes ärmelloses Musselinkleid – Seejungfrau aus dem Mär-
chen – und wartete nervös, daß er kam.

Er klingelte pünktlich und hatte sich ebenfalls in Schale geworfen: das Hemd gebügelt und mit einer auffallenden, breiten, knallbunten Krawatte geschmückt, dazu Jeans und som-
merliche Mokassins.

Als sie vor ihm in der Tür stand, trat er einen Schritt zurück,
um sie von oben bis unten betrachten zu können: »Unglaublich.«

»Was?«

Dabei wußte Ilona genau, was er meinte: »Wie Sie aussehen.
Und so was kocht Kaffee in einem schäbigen Frisierladen.«

Als sie losgingen, legte er den Arm um sie.

»Nein.« Sie schüttelte ihn ab.

»Warum nicht?«

»Das sieht so aus, als wären Sie mein Freund.«

»Kann ich ja noch werden.«

»Sie sind mir zu schnell.«

Sie fürchtete, es werde nun eine Verstimmung zwischen
ihnen geben, aber er plauderte munter drauflos und nahm
trotz ihres Sträubens jede Gelegenheit wahr, sie über die
Straße zu führen oder an Passanten vorbeizudirigieren. Immer war seine Hand an ihrer Taille oder an ihrem nackten
Oberarm, eine warme, energische Hand.

Das Restaurant, das er auswählte, beeindruckte sie durch die
vornehme Bedienung. Herren in Weiß geleiteten sie zu ihrem
Platz, rückten den Stuhl zurecht und brachten den Wein in
einem weißen Wägelchen mit goldfarbenen Griffen.

»Das ist zu teuer«, flüsterte sie ihrem Begleiter erschrocken
zu, als sie einen Blick auf die Speisekarte geworfen hatte.

»Geht von der Steuer ab«, grunzte er, zerriß ein Stück Weiß-
brot, die krosse Rinde zerbröselte über das ganze Tischtuch,
und tunkte es in die helle Soße, die man ihnen in einem Näpfchen hingestellt hatte. Mit großen Augen sah Ilona zu, wie er
ein Stück Brot nach dem anderen vertilgte, das Körbchen hob
und quer durchs Restaurant rief: »Noch mal dasselbe.«

Ohne eine Miene zu verziehen, kam der Kellner, um Näpfchen und Brotkorb erneut zu füllen. Und wieder stippte der Herr, der sich Marko nannte, vergnügt das Brot in die Soße.

»Was haben Sie ausgesucht?«

Noch immer grübelte sie ratlos über der Karte.

Er nahm sie ihr aus der Hand und stellte ein Menü für sie zusammen: »Was Ihnen nicht schmeckt, lassen Sie stehen.«

Nachdem man gemeinsam mehrere Vorspeisen verzehrt hatte, kam das Hauptgericht: ein riesenhafter roter Hummer, der auf eine Silberschale drapiert war.

Ilona hatte keine Ahnung, wie man so etwas auf anständige Weise aß.

Marko griff mit beiden Händen zu: Krachend brach er eine Schere, um das schmackhafte Innere herauszupulen. Mit Hilfe eines Zahnstochers popelte er anschließend die Reste aus dem Gehäuse. Als er ihr entgeistertes Gesicht sah, nahm er ein Stück Hummerfleisch zwischen Daumen und Zeigefinger, tunkte es in ein Knoblauchsößchen und schob es ihr zwischen die Lippen. Zögernd begann sie ihm nachzueifern. Da sie umständlich und ungeschickt war, begann er sie zu füttern wie ein Kind, und sie ließ es sich kichernd und errötend gefallen.

Unvermittelt fing er an, ihren sinnlichen Mund zu preisen, dann ihre blauen Unschuldsaugen und schließlich ihre appetitliche Schulter, die er – quer über die Hummerplatte gebeugt – plötzlich mit seinen fleischigen Lippen küßte, während seine bunte Krawatte mitten zwischen die abgenagten Hummerschalen fiel.

Als sie losgingen und noch unklar war, wohin, fuhr er fort, Ilona zu bestaunen, ihre Hüften, ihre Haare, ihre Hände. Er steigerte sich in eine solche Begeisterung, daß ihr nichts anderes übrig blieb, als den Rest des Tages und schließlich die Nacht mit ihm zu verbringen.

Und dann geschah das Wunder: Er ließ nicht ab, sie anzurufen, sie überschwenglich zu rühmen, sie sei die schönste Frau, die er je erlebt habe, und er habe nicht wenige gekannt, sie sei ein Gedicht, eine Zauberfee, ein Paradiesvogel. Und sie sei tatsächlich nicht verheiratet? Habe keinen Liebhaber?

Nicht zu fassen! Wer sich, geblendet von solcher Schönheit, aus dem Staub mache, sei ein Waschlappen, aber kein Mann. Dieses Gesicht, dieser Körper gehörten auf die Filmleinwand. So eine Pracht könne man doch nicht verkümmern lassen, diese Herrlichkeit dürfe man der Menschheit nicht vorenthalten.

»Wart nur ab«, sagte ich zu Ilona, »wenn er dich eine Weile genossen hat, läßt er dich fallen, genau wie die meisten Männer dieser Sorte. Das ist nicht der Typ, der sich bindet.«
Davon wollte Ilona nichts hören. Und sie schien recht zu behalten, wie ich zu meinem Mißvergnügen erfuhr. Es vergingen Wochen und Monate, sie sahen sich täglich, und täglich kam er mit Blumensträußen oder Halsketten und schmachtete sie an. So viele Geschenke hatte ich in vier Ehejahren nicht bekommen. Ilona suhlte sich in diesem Meer von Anbetung, endlich fand sie gebührende Beachtung. Nicht, daß sie kokett wurde – das muß ich ihr fairerweise zugestehen –, aber sie erblühte zu einer solchen Makellosigkeit, zu einer so überirdisch strahlenden porzellanhäutigen Goldblondheit, die einfach eine Frechheit war gegenüber Normalsterblichen wie unsereinem, die wir flachbrüstig und spitznasig sind und uns mit Hilfe aller Cremes der Welt niemals in Schwäne verwandeln werden.
Wäre Ilona distanzierter und arroganter gewesen, ich hätte sie neidlos bewundert. Aber sie tat ja immer so, als wäre sie eine von uns. Da spürst du natürlich hautnah und schmerzlich den Unterschied. Und nun hatte sie auch noch einen jubelnden Liebhaber gefunden. Ich hätte ihn nicht geschenkt genommen, diesen Luftikus, dem ich keine zwei Meter über den Weg traute. Aber mir fiel natürlich auf, daß Karl mir in all den Jahren nicht eine einzige Liebenswürdigkeit gesagt hatte. Lag es an ihm, an seinem buchhalterisch trockenen Wesen? Oder vielleicht an meiner spitzen Nase und den eckigen Knien?
Karl war ein entsetzlich ausgeglichener Mensch, zuverlässig und berechenbar, nie würde ich mit ihm Aufregungen durchmachen, so wie sie Ilona offenbar täglich erlebte.

Marko war Häusermakler, ein unsympathischer Beruf, wie ich fand. Auch wenn Ilona mir weiszumachen versuchte, daß Marko ein Herz für die kleinen Leute habe und welche Skrupel es ihn koste, eine Familie hinauszuekeln, wenn sich das Objekt nur mieterfrei verkaufen ließ.

Ilona warf mir im Gegenzug vor, daß Karl mit seinen chemischen Forschungen für die Umweltprobleme mitverantwortlich sei. Dabei spendete Karl seit kurzem für Greenpeace.

Marko, der im In- und Ausland arbeitete, nahm Ilona überallhin mit, um sich mit ihr zu spreizen. Ilona freute sich, wie stolz er sie seinen zahllosen Bekannten vorführte, auch wenn es Leute waren, mit denen, wie sie gestand, nicht viel anzufangen war, Geschäftsreisende, die nur über Bilanzen und Wertsteigerungen redeten.

Auch die dazugehörigen Frauen oder Freundinnen lagen ihr nicht. Es werde nur geklatscht und über Abwesende hergezogen. Sie umarmte mich ungestüm: »Mit dir kann ich über alles reden. Du nimmst dir Zeit für mich und bist eine kluge Ratgeberin. Was für ein Glück, daß ich dich habe.«

Ihre Arglosigkeit gefiel mir nicht. Ich hätte mich wohler gefühlt, wenn sie ihrerseits ein wenig neidisch gewesen wäre.

Ilona und Marko reisten an die französische Riviera, auf die Kanarischen Inseln und an die spanische Mittelmeerküste. Überall besaß Marko Immobilien. Er verkaufte, kaufte neu und verkaufte wieder, wie ein Spieler kam er Ilona vor, sie hatte mit Häusern immer Heimat verbunden. Nun staunte sie, wie gefühllos er die reizvollsten Villen, bei denen sie in Ach- und Oh-Rufe ausbrach, an den Meistbietenden verscherbelte. Gutmütig kaufte er ihr ein kleines Chalet, aber sie merkte bald, daß sie dort nicht bleiben mochte, in der Fremde, wenn Marko ohne sie unterwegs war. So wurde dieses Objekt ebenso verkauft wie alle anderen.

Während Ilona durch Europas Süden reiste, widmete ich mich mit Eifer dem Tanz, der Gitarre und dem Singen von Chansons. Ich entwickelte ein hübsches kleines Soloprogramm, selbst komponiert und mit eigenen Texten versehen, und trug das Ganze an Karls Geburtstag einem Dutzend Freunden vor. Die Resonanz war so begeistert, daß ich beschloß, ein abendfüllendes Programm zu entwickeln und mich einer größeren Öffentlichkeit zu stellen. Zur Hochzeitsfeier von Ilona und Marko wäre Gelegenheit gewesen, aber ich fühlte mich noch nicht sicher genug.

Die Hochzeit wurde weitaus prächtiger gefeiert als damals meine eigene. Fast war ich froh, daß Karl sich auf einem Kongreß befand, ich fürchtete, mich seiner zu schämen. Nicht nur, weil er unansehnlich war mit seinen großflächig abstehenden Ohren und dem beachtlichen Bauch, er gab sich auch wie ein Spießer: steif und langweilig. Marko war zwar auch kein Beau, genaugenommen sogar ein gedrungener Zwerg in häßlicher, papageienbunter Kleidung, aber immerhin imponierte er mit seinem großmäuligen, hemmungslosen Selbstbewußtsein.

Ilona wirkte auf eine ergreifende Art glücklich: Ihr Gesicht war offen und entspannt, und sie umarmte mich mit einer Innigkeit, die ich kaum ertrug. Im großen Garderobenspiegel sah ich uns beide nebeneinander: Sie trug einen taillierten Hosenanzug aus weißem Seidensatin mit passenden weißen Schuhen ohne Absatz, um Marko nicht zu sehr zu überragen. Ihre Goldmähne hatte sie am Hinterkopf zu einem lockeren Kunstwerk zusammengesteckt. Schmuck trug sie kaum mehr, nur am Hals und im Haar funkelte es. Ich wirkte vertrocknet neben ihr, mein in der Taille hochgeschopptes Viskosekleid täuschte nicht über meinen knochigen Körper hinweg. Mein dünnes Haar hatte ich zu einer Kurzfrisur stutzen lassen, die großen Ohrgehänge sollten von meinem scharfen Profil ablenken, wirkten aber, wie ich plötzlich fand, plump und deplaziert. Außerdem hätte ich meinen Mund nicht so dunkel schminken sollen. Das betonte seine Strenge. Wie voll und sinnlich Ilonas Mund war. Fischmaul, dachte ich böse.

Da entdeckte mich Marko. Er stürzte auf mich zu durch die Menge der Gäste, packte mich bei den Schultern und sah mir

in die Augen, bevor er mich rechts und links auf die Wangen
küßte. Was für ein Blick! Ilona, dachte ich, sei wachsam! Dein
Mann ist ein Schlitzohr, wie ich es dir prophezeit habe! Immer
wieder verfolgte mich sein Blick, ohne daß Ilona aufmerksam
wurde. Sie war fröhlich wie ein Kind, und ich dachte, was soll
ich sie warnen, bloß wegen dieser Blicke, es ist ja noch gar
nichts passiert. Doch ich muß gestehen, daß mir im Laufe des
Abends Markos Aufmerksamkeiten immer mehr schmeichel-
ten, ja, daß mich ein seltsames Machtgefühl packte, als sei
plötzlich ich die Braut, ich die Herrin dieses Festes und Ilona
nichts weiter als ein harmloses Hascherl voller Illusionen.

Ilona merkte nichts. Es schien ihr sogar zu gefallen, daß sich
ihr Bräutigam und ihre beste Freundin so gut verstanden.

Gegen Mitternacht, als ich kam, um mich von den Brautleu-
ten zu verabschieden, raunte ich Marko zu: »Übrigens, am
Samstag abend ist mein erster großer Auftritt. Eine Collage
aus Musik, Tanz und Gesang. Vielleicht mögt ihr kommen?
Oder fahrt ihr in die Flitterwochen?«

»Unsere Flitterwochen haben wir bereits vielfach hinter uns«,
lächelte Marko, »ich komme bestimmt. Ilona ist am Wochenende bei ihrer Mutter.«

Das war mir durchaus lieb. Karl, der an der künstlerischen Wei-
terentwicklung meines Bühnenprogramms nicht interessiert
war, nahm auf mein Zuraten an einem chemischen Fortbil-
dungsseminar teil, dem Au-pair-Mädchen hatte ich angedeu-
tet, daß ich spät käme, vielleicht sogar bei meinen Bekannten
übernachten würde, die mir freundlicherweise ihre Villa für
meine Performance zur Verfügung gestellt hatten.

Marko stellte ich allen Gästen artig als Mann meiner besten
Freundin Ilona vor, die leider keine Zeit habe zu kommen.

Ich war aufgeregt, denn diesmal waren nicht nur unsere eng-
sten Freunde anwesend, die mir ohnehin gewogen waren,
sondern eine Menge Bekannte von Bekannten, und ich mußte
damit rechnen, daß neben Beifall auch Kritik kam.

Gott sei Dank bin ich diszipliniert genug, daß zittrige Beine
und schweißnasse Handflächen mich nicht hindern, meine
Sache durchzuführen.

Ich begann mit einem kleinen Solotanz zu Kassettenmusik, griff anschließend zur Gitarre, trug ein paar Lieder vor, gefühlvolle Lieder von Liebe und Tod, und endete mit einem flotten Tänzchen. Der Beifall war freundlich zurückhaltend. Ich vermißte spontane Begeisterung während meines Auftritts. Nur Marko klatschte so laut und ausgiebig, daß es mir schon fast wieder peinlich war.

Nach der Veranstaltung bot Marko mir netterweise an, mich nach Hause zu fahren. Als ich mich mürrisch neben ihn auf den Beifahrersitz sinken ließ, sagte er tröstend: »Das waren doch alles Banausen, mein Schatz! Du müßtest mal vor einem wirklich künstlerisch geschulten Publikum auftreten.«
Ohne daß wir ein Wort darüber verloren, hielt Marko vor einem Hotel am Stadtrand. Stumm buchten wir ein Zimmer, und kaum hatten wir die Tür hinter uns geschlossen, fielen wir übereinander her. Gerechterweise muß ich sagen, daß ich mir mehr von Marko versprochen hatte, überschwenglich wie Ilona von ihm schwärmte. Gut, er kannte sich aus mit Komplimenten, das ist ja heute in unserer nüchternen, aufgeklärten Zeit recht herzerfrischend. Er sagte mir altmodische Artigkeiten über meine schlanken Füße mit den unverbildeten Zehen, über meinen edel gebogenen Hals und meine glänzend weißen Zähne, die allerdings überkront waren, was ich ihm natürlich nicht unter die Nase rieb.
Vor allem lobte er meine Intelligenz, das überraschte mich und gefiel mir.
Bei dem eigentlichen sexuellen Akt überwog mein Unwille. Marko schien mir allzu routiniert, da hätte ich es ja gleich bei Karl belassen können. Was mochte Ilona Sensationelles gefühlt haben bei ihm, das ich nicht zu fühlen imstande war?
Oder war es nur eingebildete Leidenschaft gewesen, in die sie sich künstlich hineingesteigert hatte?

Einige Monate nach meiner gemeinsamen Nacht mit Marko traten die ersten kleinen Veränderungen in ihrer Ehe auf. Ich hatte sie Ilona insgeheim längst vorausgesagt: Marko begann, allein zu verreisen. Noch war Ilona so satt und zufrieden, daß sie seine häufige Abwesenheit akzeptierte. Sie behauptete sogar, das viele Reisen sei ihr auf Dauer lästig, sie fühle sich wohl zu Hause und halte es ein paar Tage ohne Marko gut aus.

Da auch mein eigener Mann viel unterwegs war und sich in seiner Freizeit am liebsten mit chemischen Problemen auseinandersetzte, ergab es sich, daß wir Freundinnen uns mehrmals die Woche zum Schaufensterbummel trafen. Ilona berichtete mir dann alle neuesten Entwicklungen in ihrem Leben und nahm, wie meistens, meine Kommentare begierig auf. Bislang war sie nur über eins bekümmert: Sie konnte, wie ihre Frauenärztin feststellte, keine Kinder bekommen. Da beneide sie mich doch sehr, sagte sie wehmütig.

Die große Krise ließ erstaunlich lange auf sich warten. Ich fragte mich, ob Ilona wirklich so naiv glücklich war oder ob sie ganz bewußt über alle Anzeichen von Markos Untreue hinwegsah. So wollte sie doch tatsächlich in aller Harmlosigkeit von mir wissen, ob man auch im Schwimmbad Trichomonaden kriegen könne, sie habe sich nun zum viertenmal infiziert und müsse jedesmal diese schreckliche Antibiotika-Kur machen, von der sie Durchblutungsstörungen in Armen und Beinen bekomme, genau wie sie es auf dem Beipackzettel gelesen habe, das könne doch nicht gut sein.

»Läßt Marko sich denn mitbehandeln?« fragte ich vorsichtig.

»Natürlich«, sagte sie entrüstet, »jedesmal. Aber ein paar Wochen drauf habe ich sie prompt wieder. Es ist wie verhext.«

Ich verkniff mir eine aufklärende Bemerkung. Früher oder später würde Ilona nicht mehr an der Tatsache vorbeischauen können, daß Marko jede Menge Bettgeschichten hatte. Bedenklich war – nicht nur wegen der Trichomonaden, sondern auch wegen der Aids-Gefahr –, daß er offenbar niemals Präservative benutzte. Auch damals, bei unserem kleinen gemeinsamen Seitensprung, war ich diejenige gewesen, die mit einer Familienpackung Präservative aufwartete.

Mit der Zeit häuften sich bei Ilona die Stunden voller Niedergeschlagenheit. Dabei schien sie nichts Konkretes zu wissen oder sich Gedanken um Marko zu machen. Ich war irritiert, daß sich ihre eifersüchtige Phantasie nicht automatisch in Gang setzte, selbst wenn sie mir mit kummervoller Stimme erzählte, wie oft Marko beruflich unterwegs sei, sie sähen sich kaum noch. Zwar rufe er täglich an, das gehe sicher sehr ins Geld, aber seine Stimme vermehre nur noch ihre Sehnsucht.

Nicht einmal seine nachlassende Begeisterung für ihren Körper warnte sie. Für alles hatte sie eine Entschuldigung. »Er ist müde, wenn er nach Hause kommt«, sagte sie, »er übernimmt sich. Er ist so unvernünftig. Wenn er so weitermacht, hat er eines Tages einen Herzinfarkt so wie zwei seiner Kollegen, die jünger sind als er.« Sie begann sich mit einer kläglichen Verzweiflung für ihn herzurichten, daß sie mir fast anfing, leid zu tun. Sie zeigte mir ihre Unterwäsche, Köstlichkeiten aus Seide und Spitze, die jedem Mann Appetit machen würden. Nur Marko reagierte immer weniger. »Früher«, gestand Ilona, »haben wir täglich mehrmals miteinander geschlafen. Jetzt nur noch alle paar Wochen und flüchtig, ohne dieses Vergnügen. Er wirkt immer ein wenig abwesend.«

Sie begann, seine Arbeit zu hassen. Begann sich zu beschweren, zu klagen, ihn mit Vorwürfen zu empfangen, wenn er müde heimkam, ein Verhalten, das sie nicht gerade attraktiver machte.

»Du solltest dich mehr beherrschen«, empfahl ich ihr freundschaftlich.

»Das kann ich nicht«, sagte sie verzweifelt.

Eines Tages passierte etwas unsäglich Triviales. Aber wenn sie all die kleinen Hinweise übersah, mußte man sie wohl mit dem Zaunpfahl auf die Wahrheit stoßen.

Sie hatte übers Wochenende ihre Mutter besucht und sich – gereizt wie sie war – so mit ihr gestritten, daß sie früher zurückkam als beabsichtigt.

Und da fand sie Marko im Ehebett mit einer fremden Frau.

Was für eine Demütigung. Die Frau hatte – wie sie auf den ersten Blick feststellte – einen mächtigen Hintern und zipfelige Brüste. Sie rannte ins Bad und wollte sich mit Schlaftabletten das Leben nehmen. Es waren aber nur drei übrig, zu wenig für einen Selbstmord.

Marko schickte die Frau fort, er war sehr ruhig und – wie ich fand – erstaunlich fair, das hatte ich gar nicht von ihm erwartet. »Du weißt es nun«, sagte er zu ihr, »ich kann nicht treu sein. Wenn du willst, lassen wir uns scheiden. Du kriegst eine gute Abfindung.«

Sie schrie und hörte nicht mehr auf zu schreien. Er begriff ja, daß sie enttäuscht war, aber irgendwann mußte dieses hysterische Geschrei doch mal ein Ende haben. Er rief in seiner Hilfsosigkeit einen Notarzt, der sie mit einer Spritze beruhigte. Dann kam er zu mir.

Diesmal, muß ich gestehen, war unser kleiner, rasch im dunklen Flur vollzogener Seitensprung höchst vergnüglich. Und da Ilona weder mit gutem Zureden noch mit Versprechungen zu besänftigen war, kam Marko häufig ratsuchend zu mir. Immer fanden wir Gelegenheit, unsere problemdüsteren Gespräche mit einem Quicky aufzuheitern.

Ilona wollte sich nicht scheiden lassen. Das hätte Marko nicht so sehr gestört, aber sie bestand auf der gemeinsamen Wohnung, dabei war es – schon ihretwegen – sinnvoll, sich wenigstens räumlich zu trennen. Er hatte ihr sogar schon ein hübsches kleines Appartement besorgt und bat mich, sie zu überreden, dort hinzuziehen. Ich weiß nicht, was in sie gefahren war, aber zum erstenmal während unserer jahrelangen Freundschaft wirkte sie in sich gekehrt, wenn nicht ablehnend. Einen Moment argwöhnte ich, daß Marko ihr unser kleines Techtelmechtel gebeichtet hatte. Aber sie war nicht der Typ, der sich verstellte, und so beruhigte ich mich wieder. Ihr Gesicht war ein wenig gedunsen, unter den Augen hatten sich Andeutungen von Tränensäcken gebildet. Wahrscheinlich trinkt sie, dachte ich teilnahmsvoll.

Durch Marko erfuhr ich ein paar Monate darauf, daß sie zwar weiterhin bei ihm wohnte, aber wieder ihren Job im Frisiersalon aufgenommen hatte, da sie nicht von Markos Geld leben

124

wollte. »So ein dummes Ding«, knurrte er, »da schlägt sie das einzige aus, das sie wirklich von mir kriegen kann.«

Und er gestand mir, daß sie auf dem besten Wege sei, Alkoholikerin zu werden, bei diesen Mengen Cognac, die sie Tag für Tag zu sich nehme. Natürlich sei es ihre eigene Sache, wenn sie sich unbedingt ruinieren wolle. Aber manchmal gehe es ihm doch nahe, wie ihre Schönheit zu verfallen beginne.

Ich zog mich von Ilona zurück, ihre distanzierte Unfreundlichkeit verletzte mich. Was konnte ich für ihre mißlungene Ehe?

Natürlich war ich weiterhin interessiert an ihrem Schicksal, regelmäßig traf ich Marko, um mir von ihr berichten zu lassen. Da er immer nur karge Informationen über sie preisgab, beschloß ich nach einem halben Jahr, sie auf ihrer Arbeitsstelle aufzusuchen. Als ich den Frisiersalon betrat und Ilona eine leere Kaffeetasse hinaustragen sah, war ich schockiert von ihrem Anblick. Sie hatte enorm zugenommen, aus ihrem geschwollenen Gesicht blinzelten mich kurzsichtige Augen gleichgültig an, während ihr Mund mit den bräunlichen Zähnen lächelte. Ihre Goldmähne war stumpf und schütter geworden. Sie brachte mir frischen Kaffee, während Angela, die Chefin, mir die Haare schnitt.

Unbedacht schlug ich Ilona vor, uns wieder öfter zu treffen. Sie sagte sofort zu, ohne dabei die geringste Freude zu zeigen.

War sie die letzten Male allzu reserviert gewesen, so überschwemmte sie mich nun mit einer distanzlosen Vertraulichkeit, leierte immer wieder dieselben Klagen über Marko herunter und füllte alle paar Minuten ihren Tee mit einem Schuß Rum auf.

»Hör mal«, sagte ich schließlich in aller Härte – und die Wahrheit ist meistens hart –, »wenn du dich derart gehenläßt, mußt du dich nicht wundern, daß Marko andere Frauen anziehender findet als dich.«

Sie glotzte mich an und plärrte plötzlich los, ich sei auch eine von denen, die mit Marko fickten, ich solle die Finger von ihrem Mann lassen und ähnliches überspanntes Zeug.

Ich beschwerte mich bei Marko, und er seufzte, sie sei völlig verrückt geworden, jede Frau, mit der er mehr als drei Worte spreche, beschimpfe sie auf unflätige Weise. Man habe sie sogar schon auf der Straße aufgegriffen, betrunken und krakeelend, weil sie in irgendeiner Nachbarin eine seiner Geliebten vermutete. Ich fragte ihn, warum er sich nicht von ihr trenne.

Er sei doch kein Unmensch, sagte er leise, er könne sie doch nicht so einfach verkommen lassen. Ich steckte ihm die Adresse einer therapeutischen Einrichtung für Alkohol- und andere Suchtkranke zu und empfahl mich.

Lange hörte ich nichts von den beiden.

Monate später trieb mich meine alte Anhänglichkeit, und ich rief bei Angela, der Friseuse, an. Dort erfuhr ich, daß man Ilona vor die Tür gesetzt habe, da sie wiederholt betrunken zur Arbeit gekommen sei, die Kunden belästigt habe und im Verdacht stand, von Zeit zu Zeit in die Geschäftskasse zu greifen. Nein, bei Marko wohne sie nicht mehr. Er habe sie hinausgeworfen, als es seine Freundin bei aller Geduld nicht mehr mit Ilona aushielt, es müsse in der Tat unerträglich mit ihr gewesen sein, sie habe nur herumgepöbelt und die Freundin beschimpft. Nun lebe sie von Sozialhilfe. Von Marko wolle sie kein Geld annehmen, dieser lächerliche Stolz. Man habe ihr eine Wohnung zugewiesen, eine armselige Behausung, aber besser, als wenn sie auf der Straße lande.

Inzwischen bereitete ich mit Bedacht meinen dritten Auftritt vor. Diesmal sollte es wirklich eine künstlerisch überzeugende und erfolgreiche Veranstaltung werden. Ich hatte alle befragt, die mich die letzten Male gesehen hatten. Ich wollte wissen, was ihnen gefallen, was sie gestört und was ihnen gefehlt hatte. Ich versuchte, alle Meinungen zu berücksichtigen, trennte mich von allzu sentimentalen Passagen, schrieb ein paar neue Chansons, in denen ich – neben dem Anprangern von gesellschaftlichen Mißständen – den Leuten Mut machte, und streute zur Würze ein paar erotische Lieder dazwischen, die zeigen sollten, daß ich nicht nur eine romantische, sondern auch eine frivole Seele hatte. Außerdem wählte ich sorgfältig meine Kleidung. Gern hätte ich ein schlichtes schwarzes Kleid getragen, à la Juliette Gréco, fand dann aber, ich sähe wie eine verhungerte Krähe darin aus, und wählte statt dessen ein Kleid in leidenschaftlichem Rot, hauteng und ärmellos mit passenden roten Pumps. Von Bekannten lieh ich mir ein Mikrofon und probte vor dem Spiegel. Ein Regieassistent, mit dem ich ein paarmal geschlafen hatte, gab mir professionellen Schliff und ermunterte mich, mir einen Agenten zu suchen und auf Tournee zu gehen. Über Kontakte meines Mannes hatte ich Gelegenheit erhalten, gegen eine kleine Saalmiete im Bürgerzentrum meinen Abend zu gestalten. Ich hatte 500 Einladungen verschickt, auch an den Bürgermeister der Stadt sowie an einige wichtige Kulturleute. Selbstverständlich war die Presse geladen.

Es wurde nicht so voll, wie ich erwartet hatte. Ich sah eine Menge Bekannte so wie das letzte Mal, aber nur wenige fremde Gesichter. Ich tröstete mich damit, daß ich ja noch ein nahezu unbekannter Star war. Wenn erst die großen Artikel über mich erschienen waren, würden die Leute strömen.

Dennoch, es gab kräftigen Beifall, offenbar hatte ich genau den Nerv der Zeit getroffen. Die Leiterin des Bürgerhauses brachte mir persönlich einen riesigen Strauß gelber Rosen auf die Bühne. Ja, so hatte ich mir das vorgestellt. Mein erster Schritt auf der Karriereleiter war getan.

Fieberhaft durchblätterte ich am nächsten und übernächsten Morgen die drei Tageszeitungen und stellte enttäuscht fest, daß ich in den zwei größten unerwähnt blieb. Und der einzige Artikel, der über mich berichtete, erging sich in Unverschämtheiten: »Selbstgestrickte Liedchen – steif und angestrengt vorgetragen – Musterschülerin – peinliche Tanzerei – dilettantisches Gitarrengeklimper ... «

Ich sagte mir zwar, jeder Kritiker hat eine Profilneurose, die er auf Kosten des Künstlers austobt, aber so ganz leicht konnte ich über diese tiefe Kränkung nicht hinweggehen. Ein paar Tage hielt ich noch fröhliches Gleichgewicht, doch dann wurde ich ernsthaft krank. Es begann mit einer Art Magenverstimmung, dann kamen unerträgliche migräneartige Kopfschmerzen hinzu, und schließlich warf mich eine Grippe ins Bett.

Es war die erste wirkliche Krise meines Lebens.

Natürlich fragte ich mich, wie es geschehen konnte, daß ich – trotz sorgfältigster Vorbereitungen – am Publikum vorbeigearbeitet hatte. Oder war ich die verkannte Künstlerin, das unentdeckte Genie? Der Regieassistent ließ sich seit meinem Auftritt nicht mehr blicken.

Einige Monate lang war ich nicht imstande, meine Gitarre anzufassen. Eine Art Depression hatte mich gepackt, etwas, das mir eigentlich wesensfremd ist.

Um wieder Boden unter die Füße zu bekommen, konzentrierte ich mich ganz und gar auf die einfachen Dinge des Alltags. Ich kochte wieder häufiger und widmete mich meinen Kindern, worüber diese allerdings wenig Freude zeigten. Sie gaben sich lustlos und nörgelig und zeterten nach unserem schwedischen Au-pair-Mädchen, das ich schließlich genervt herbeirief. Der Schwedin gelang es augenblicklich, die beiden zu beruhigen.

Auch Karl war in der wenigen Zeit, die wir miteinander verbrachten, nicht sonderlich liebenswürdig. Das war nichts Neues, aber zum erstenmal störte es mich. Offenbar wollte ich irgendeine Art Trost von ihm, den er nicht zu geben vermochte. Ich begann, den Tag mit Nichtigkeiten zu vertun, entwickelte eine nervöse Putzwut oder rannte durch die Straßen, um in großen Mengen Lebensmittel einzukaufen, die dann doch keiner aß.

Eines Morgens, als ich mal wieder im Stadtzentrum unterwegs war, versperrte mir ein Menschenauflauf den Weg.

Es war ein sonniger Tag im Mai, die ersten Musiker hatten sich in der Fußgängerzone niedergelassen. Ich zwängte mich nach vorn bis zu dem großen freien Halbrund. Braunhäutige Männer in bunten Folklorehemden hoben gerade ihre Instrumente und zupften, strichen, klimperten die ersten Töne. Ich wollte schon gehen, denn die Gruppe kam mir dilettantisch vor, da legten sie los und zeigten mit Salsa, Tango und Merenge, was für ein Temperament in ihnen steckte. Mich kribbelte es in den Füßen, auch die Zuschauer um mich herum zuckten und wippten vor verhaltener Tanzlust.

Da, plötzlich, trat eine Frau auf die freie Fläche vor der Band, ein abschreckend klobiges Etwas in brauner Strickjacke – von der Art, wie wir sie in die Altkleidersammlung geben –, die allzu eng um den Körper saß und den großen halterlosen Busen plattdrückte. Um den gewölbten Bauch und den prallen Hintern spannten sich unmoderne Stoffhosen mit Schlag. Fettige Strähnen hingen Ilona ins dicke Gesicht. Die Augen waren zugeschwollen, die Nase von roten Äderchen durchzogen. Abgestoßen und fasziniert konnte ich den Blick nicht von ihr lösen.

Aufrecht, mit vorgedrücktem Bauch und hocherhobenem Kopf, schritt Ilona die Front des Publikums ab, das unterdrückte Gelächter schien sie zu animieren. Sie strahlte, drehte sich neckisch wie ein Star und warf Kußhände in die Runde. Grölender Beifall. Die Musiker spielten ihr lebhaft zu, sie schienen sich an ihr zu freuen, vergeblich suchte ich einen höhnischen Zug in ihren lachenden Gesichtern.

Unvermittelt bleibt sie stehen und schaut hinunter auf ihre klobigen Wanderschuhe. Wie zur Probe setzt sie einen Fuß vor, während sie die Arme über den Kopf reckt. Plötzlich gleitet eine zitternde schlangenhafte Regung durch ihren Körper, eine zweite Welle schließt sich an, eine dritte folgt, so wie ein Luftzug eine Perlenschnur zum Schwingen bringt, die sachte eine nächste Schnur antickt, die den Stoß weitergibt, bis die ganze Perlengardine in weiche, lässige Schwingungen gerät. Das Publikum schweigt und glotzt.

Ilona breitet die Arme aus und tanzt geschmeidig auf die Musiker zu, die sie fröhlich anfeuern. Plötzlich hält sie inne, schwenkt herum und beginnt zu stampfen, stampft das Pflaster in einem kurzen, wütenden Tanz, der ausklingend in ein leichtes Wiegen der Hüften übergeht, während sie träumerische Blicke in die Runde wirft und gedankenverloren ihre

Strickjacke aufknöpft. Mit wabernden Brüsten trippelt sie von neuem die Zuschauerfront entlang. Ich ducke mich schräg hinter meinen Nachbarn.

Sie rutscht aus einem Jackenärmel, läßt ihn über die Rundungen ihres Körpers schlängeln wie einen Stripteaseschleier, schlenkert ihn kurz über ein grinsendes Gesicht, das aufschreiend zurückfährt, schlüpft aus dem zweiten Ärmel, geschmeidig wie eine sich häutende Schlange, und wirbelt die Jacke durch die Luft mit der Fröhlichkeit eines Kindes, das seine Eltern gefoppt hat. Das enge T-Shirt, dunkelfleckig von Schweiß, modelliert ihren Oberkörper Wulst für Wulst.

Als hätte sie meinen Blick bemerkt, wütet sie plötzlich in meine Richtung: ich der Stier, ihre Strickjacke das rote Tuch. Sie tänzelt vor, reizt ihn, bis er vorprescht, biegt sich elegant beiseite, zieht das rote Tuch über seine Hörner, über seinen Körper, läßt ihn ins Leere laufen, während sie sich schmachtend zurücklehnt, sich im Tango streckt. Die Jacke, zwischen die Hände gespannt, wird zum Geliebten, der sich atemlos über sie beugt.

Wie ich sie so tanzen sehe, selbstvergessen und voller Grazie, und wie ich die Reihe der Gesichter entlangschaue, die Ilona mit entrücktem Ausdruck angaffen, da packt mich jählings ein glühender Neid, ich spüre, wie mein Mund einschrumpft, wie meine Schultern sich verspannen, wie mein Becken steif wird. Ich will mich gerade umdrehen, um besiegt auf meinen dünnen Beinen davonzustaksen, da duckt sich Ilona wie ein Tier auf der Jagd, schnellt plötzlich hoch und wirft mir die Jacke zu. Überrascht, erschrocken fange ich sie mit beiden Händen. Sie springt der Jacke nach, ein formloses Ungetüm, ein schwitzendes Monster, packt mich an den Oberarmen und versucht, mich auf die Tanzfläche zu zerren. Erst stolpere ich überrumpelt vorwärts, dann stemme ich mich gegen sie. Die Leute neben mir beginnen zu lachen. Die Musiker spielen schneller. Sie keucht, ich keuche. Um uns johlt, klatscht, brüllt und tobt es. Blindlings schlage ich um mich. Da werden die grabschenden Hände schlaff, fallen zu beiden Seiten des plumpen Rumpfes herab wie traurige Pendel. Einen Moment lang ist Ilonas Gesicht direkt vor mir – das triumphierende Gesicht einer Siegerin? –, aus ihrer Nase rinnt ein Blutfaden. Ich stürze davon. Hinter mir brandet Lachen auf und verfolgt mich, bis ich schweratmend in einen offenen Hauseingang flüchte.

Da stehe ich nun, mein Herz hämmert im Rhythmus der fernen Musik. Das Treppenhaus riecht scharf nach Putzmitteln. Und während ich fieberhaft grübele, welche Besorgung mich eigentlich heute in die Stadt getrieben hat, werde ich gewahr, daß ich noch immer diese grauenhafte Strickjacke in den Händen halte wie eine Jagdbeute.

Die Oper

Gisbert Neumann, Sachbearbeiter in einem Steuerbüro, war geschlagen mit einer Ehefrau, wie sie keiner seiner Doppelkopfkumpane und keiner seiner Arbeitskollegen besaß. Schlampig war sie und gefräßig. Und das Schlimmste: ein geiles Weibsstück, über das die beschämendsten Gerüchte im Umlauf waren.

Sicher, als jungen Spund damals, der von nichts was wußte und schüchtern mit Frauen war, beeindruckte ihn, wie Irma ihn ohne Umschweife hernahm, wie ihre Zunge etwas verwirrend Schönes tat, wie sie sich mit seinem ungelenken Körper auskannte, besser als er selbst.

Als sie schwanger war, heirateten sie gleich, obwohl seine Freunde und Kollegen sich über ihn lustig machten: Er wisse doch gar nicht, wessen Kind das eigentlich sei. Er versuchte, nicht auf das Geschwätz zu hören, aber der Stachel saß. Das, was ihm höchstes Vergnügen bereitet hatte, was er als Irmas ganz persönliches Geschenk für ihn, Gisbert, dankbar genossen hatte, war wie vergiftet. Obwohl er nun verheiratet war, machten seine Freunde und Kollegen geheimnisvolle Andeutungen, mit welchen Männern es seine Angetraute treibe, während er harmlos bei ihnen sitze. Er fühlte sich gedemütigt und zog sich allmählich immer mehr von ihr zurück. Es machte ihm keine Freude mehr, ihr fleischliches Verlangen zu befriedigen. Wenn er sie begehrte, was nach wie vor der Fall war, nahm er sie kurz her und vollzog einen hastigen, traurigen Akt, um sich nicht wieder im Gespinst ihrer wollüstigen Zärtlichkeiten zu verfangen.

Irma war, als er sie kennenlernte, eine gutmütige, fröhliche Person gewesen. Nun entwickelte sie sich zu einer nervösen Nörglerin. Gereizt hantierte sie im Haushalt herum, der, obwohl sie ständig in Bewegung war, immer mehr verlotterte. Es schmerzte ihn, wenn er abends müde nach Hause kam und sah, wie sie schlechtgelaunt in der Wohnung herumfuhrwerkte, Sofakissen aufklopfte, sie haßerfüllt mit einem Knick in der Mitte versah und sich ununterbrochen Schokolade oder Plätzchen in den Mund stopfte. Überall standen Schüsselchen und Tellerchen und Körbchen mit Süßem herum, und Irmas Kiefer mahlten den ganzen Tag. Nicht einmal nachts hörten sie auf. Oft erwachte Gisbert von einem gräßlichen Geräusch: Irma knirschte mit den Zähnen.

Noch immer gefiel sie ihm sehr mit ihren sanften, feuchten Augen, dem blonden Pferdehaar, das borstig um ihr molliges Gesicht stand, mit ihren speckigen Händchen, und mehr als einmal widerstand Gisbert der Versuchung, sie zu sich auf das Dreisitzersofa zu ziehen und sie mit Küssen zu überschütten wie in alten Zeiten.

Mit den Jahren wurde Irma zur Matrone: üppig, träge und mit mißmutig heruntergebogenen Mundwinkeln.

Das einzige, was Gisbert und Irma mit gemeinsamer Freude erfüllte, war ihre Tochter, ein quirliges Geschöpf, großäugig und struppig blond wie die Mutter. Beide fürchteten den Moment, wenn sie aus dem Haus gehen und die Eltern verlassen würde. Die zwei Frauen waren wie Freundinnen. Es dauerte lange, bis Gisbert begriff, daß sie sich heimlich gegen ihn verbündeten.

Eines Tages kam er wegen scheußlicher Magenschmerzen früher als gewohnt nach Hause – wahrscheinlich ein Geschwür, warnte ihn ein Kollege, der unter denselben Symptomen litt – und erwischte seine Tochter, aufgedonnert wie eine Hure: Minirock mit hohem Mittelschlitz, spitz ausgeschnittener Pulli, blutfarbener Mund. Es war wie ein Reflex: Er hob die Hand und schlug zu. Sie stand vor ihm, still, die Augen dunkel vor Abscheu, auf ihrer Wange bildete sich ein brennendrotes Mal. Er wollte fortstürzen, entsetzt und beschämt.

Da erschien Irma im Türrahmen und versperrte ihm den Weg. Wild standen ihre Haare nach den Seiten, ein prächtiges Weibsstück, dachte er. Wie könne er es wagen, schrie sie ihn an, seine eigene Tochter … Ob die Zeit an ihm vorbeigegangen sei, ob er blind und taub sei. Das Mädchen sei erwachsen und wolle sich amüsieren. »Schau dich um auf der Straße«, schrie sie, »du Spießer, so wie sie läuft die Jugend heute rum. Soll sie als Mauerblümchen verkümmern, deine Tochter?«

Kurz nach diesem Vorfall zog die Tochter zu ihrem Freund in die Wohnung. Gisbert wagte nicht, sich dagegen auszusprechen. »Und wenn sie schwanger wird?« war sein einziger schwacher Einwand.

»So blöd wird sie nicht sein«, fuhr Irma ihn an, noch immer ansehnlich mit ihrem fetten, weißen, bebenden Fleisch, auch wenn ihre Beine immer schwerer wurden und von blauen Krampfadern durchzogen waren.

Nun wurde es beklemmend ruhig in der Wohnung. Irma, den ganzen Tag allein zu Hause auf dem Dreisitzersofa, löffelte Familienpackungen Eiscreme in sich hinein, blätterte angewidert in Frauenzeitschriften und ließ den Haushalt verkommen.

Bis ihre Tochter ihr zuredete, sich bei der Oper um eine der gutbezahlten Putzstellen zu bemühen.

Die Oper, ein im Zweiten Weltkrieg fast gänzlich zerstörtes Kunstwerk aus dem 19. Jahrhundert, war seit neun Jahren eine riesige Baustelle. Mit dem Wiederaufbau – es wurden Millionen investiert – beabsichtigte der Bürgermeister, sich ein Denkmal zu setzen. Eine Planungsgemeinschaft von mehreren Architektenteams und Ingenieurbüros, unterstützt durch das Hochbauamt und betreut durch die Bauaufsichtsbehörde, war beauftragt, das Prestigeobjekt nach alten Bauvorlagen wieder instand zu setzen. Man zog zahlreiche Bibliotheken, Stadt- und Privatarchive hinzu. Der linke Seitenflügel und der größte Teil des mittleren Traktes waren inzwischen fertiggestellt und für Konzerte freigegeben. Den gesamten rechten Flügel aber bevölkerten noch zahllose Innenarchitekten, Raumgestalter, Bildhauer, Marmoristen und Restauratoren.

Der Tip ihrer Tochter verhalf Irma zu der zunächst auf ein Jahr befristeten Halbtagsstelle. Mit acht weiteren Putzfrauen teilte sie sich den fertigen Trakt des Opernhauses. In grauen Arbeitskitteln schoben sie leise rollende Maschinen durch Foyer, Säulengänge und Wandelhalle. Die riesigen roten Staubsauger fraßen nicht nur jede Zigarettenkippe, sie verteilten auch schaumige Pfützen auf dem Boden, die sie anschließend gierig wieder aufschlürften. Zum Schluß polierten mächtige Bohnergeräte die hellen Marmorfliesen.

Die Arbeit gefiel Irma. Man mußte sich nicht bücken, sondern schritt stolz durch die großen gewölbten Hallen, vorbei an dekorativen Wandgemälden, geschnitzten Brüstungen und prächtigen Palmenkübeln, hielt unter sechsarmigen Wandleuchten ein kleines Schwätzchen, und in der Mittagspause ging man mit den Kolleginnen um ein paar Straßenecken zum Imbiß, wo es ausgezeichnete Frikadellen gab.

Langsam kehrte ihre Lebensfreude zurück.

Gisbert wagte nicht, sie zu tadeln, wenn sie kein Abendessen vorbereitet hatte. »Ich gehe arbeiten wie du«, sagte sie nur kurz, »das bißchen Haushalt teilen wir uns.« Was konnte Gisbert dagegen anführen? So kam es, daß Gisbert, noch immer voller Schuldgefühle wegen seiner Tochter, mit Ende Vierzig lernte, einzukaufen und Gulasch oder Knödel zuzubereiten.

Gemeinsam verbrachten sie nach dem Essen stumme Abende vorm Fernseher, Gisbert unentwegt rauchend, vor sich eine Flasche Bier, Irma Schokoladenriegel oder Kartoffelchips kauend. Bis sie begann, Stunden später als gewöhnlich nach Hause zu kommen und schließlich die Nächte fortzubleiben. Gisbert wagte nicht, sie darauf anzusprechen, stärker als seine Eifersucht war die Angst, sie könne ihn verlassen. Sein Magengeschwür quälte ihn, kein Medikament half, und er begann sich Vorwürfe zu machen, daß er sich durch eigenes Verschulden Irmas Liebe und Fröhlichkeit verscherzt hatte.

Unter den vielen Menschen, die mit dem Wiederaufbau der Oper beauftragt waren, war auch Rolf Bickel. Als gelernten Steinmetz und Denkmalplastiker hatte man ihn mit der Aufgabe betreut, die durch den Krieg zerstörten allegorischen Figuren und Fassadenverzierungen zu restaurieren. Auf einem Gerüst, in schwindelnder Höhe angeseilt wie ein Bergsteiger, saß er und brach mit Hammer und Meißel schadhafte Stellen aus den Reliefs oder paßte Teile ein, die er nach alten Vorlagen neu modelliert hatte. Strenge Bänder von Lorbeerblättern, lebhafte Girlanden aus Früchten und Blumen wölbten sich unter seinen behutsamen Pranken, zärtlich glättete die Schleifmaschine alle Unebenheiten.

Rolf Bickel war ein begehrter Spezialist auf seinem Gebiet, hatte als Handwerker und Künstler einen hervorragenden Ruf und verdiente gut. Er war ein unauffälliger Mann, mittelgroß, mittelblond, von ruhigem, freundlichem Charakter.

Aber wie so viele Menschen, die völlig normal aussehen und von umgänglicher Wesensart sind, hatte er eine kleine Eigentümlichkeit. Davon wußten allerdings nur zwei Architekten und der leitende Bauingenieur, und die hielten die Angelegenheit streng geheim. Auf keinen Fall durfte die Presse Wind bekommen, die die Sache mit Sicherheit aufbauschen und gegen den Bürgermeister und seine Partei ausschlachten würde. Nur weil Rolf Bickel ein so tüchtiger und geschickter Steinmetzmeister war, sah man ihm diese kleine Skurrilität nach und versuchte, damit umzugehen, ohne daß der Fortgang der Arbeit allzusehr litt. Um es kurz und bündig zu sagen: Rolf Bickel war mit einem so starken Trieb ausgestattet, daß er bis zu siebenmal täglich im nahen Puff verschwinden mußte, um sich zu erleichtern und seiner Arbeit wieder ordentlich nachgehen zu können. Der mitfühlende Bordellbesitzer, ein ehemaliger Schulfreund, gab ihm inzwischen Prozente. In seiner Jugend war er naiv stolz auf seine Potenz gewesen, die jeden Mann beeindruckte. Bis es ihm schmerzlich bewußt wurde: Auf der freien Wildbahn, wo es alles umsonst gab, konnte er sich – obwohl er nicht unattraktiv war – nur wenig holen, denn die Durchschnittsfrau fühlte sich von ihm überfordert. Hals über Kopf heiratete er das nächstbeste Mädel, das ihn wollte, nur um nicht Tag für Tag wie ein Tier durch die Stadt streifen zu müssen, auf der Suche nach einem willigen Weib.

Die Ehe erwies sich als Fiasko. Seine Frau, eine dralle, sinnliche Krankengymnastin, war zwar bereit, jeden Abend zur Verfügung zu stehen, wenn es sein mußte, auch zweimal. Aber seine nie ermüdenden Lenden begannen ihr nach wenigen Wochen angst zu machen. »Sie fand kaum noch Schlaf«, vertraute er zerknirscht einem Freund an, »immer wieder weckte ich sie, um mit ihr zu vögeln.«

Sie begann sich gegen ihn zu sträuben, und da er kein gewalttätiger Mensch war, respektierte er ihre Abwehr, lag aber Nacht für Nacht leidend und schlaflos neben ihr. Die Selbstbefriedigung war kein Ausweg. Sooft er auch Hand an sich legte, der schmerzhafte Drang nach dem weiblichen Körper ließ sich nicht abschütteln.

In gemeinsamem Einverständnis trennten sie sich, und Rolf begann, der beliebteste Stammgast des Bordells zu werden. Man muß dazu sagen, daß er diesen Weg nicht gerne wählte. Er wußte, wie so mancher zartfühlende Mann, daß die Prostitution nur für die Freier, nicht aber für die Frauen ein Vergnügen ist. Doch was blieb ihm übrig? Er war voller Dankbarkeit für seine Mädchen, die ihn immer wieder gerne bedienten, denn er war höflich und anspruchslos und strapazierte niemals ihre Arbeitszeit über Gebühr, wie so manche Kunden, die ihr Geld bis auf die Sekunde nutzen. Meist kümmerten sich mehrere Huren um ihn, es hatte sich gezeigt, daß sein unermüdlicher Trieb sogar ihnen, die mit allen Perversionen dieser Welt vertraut waren, ein wenig unheimlich war. Mit seiner Krankenkasse focht er einen langen Kampf aus: Sein Trieb gehe so ins Geld, daß er – auch nach dem statistischen Mittelwert – nicht mehr unter die Norm falle, also als Krankheit anzusehen sei. Er forderte einen Zuschuß von 80 % für seine täglichen Bordellbesuche, die er, wie er glaubhaft versicherte, inzwischen absolviere wie ein Nierenkranker den regelmäßigen Gang zur Blutwäsche. Natürlich habe er schon alle triebdämpfenden Hausmittelchen probiert wie kalte Duschen, Sport oder Baldriantee. Nichts schlage an bei ihm. Härtere Drogen wolle er nicht nehmen, man könne nicht von ihm verlangen, daß er seine untadelige Gesundheit aufs Spiel setze.

137

Man empfahl ihm einen Desensibilisierungskurs. »Aber wenn ich dadurch impotent werde«, rief Rolf aus, »zahlen Sie mir dann Schadenersatz?«

Es wäre fast zu einem Prozeß gekommen, natürlich ein gefundenes Fressen für die Medien. Aus Furcht, sein Beispiel könnte Schule machen, zeigte man sich bei der Krankenkasse damit einverstanden, für die Hälfte seiner Kosten aufzukommen, vorausgesetzt, die Öffentlichkeit bleibe aus dem Spiel. Er gab sich schließlich damit zufrieden, denn der Bauleiter versicherte, nachdem er mit sechs Vertretern der verschiedenen städtischen Ämter dieses heikle Problem durchdiskutiert hatte, die Stadt werde die fehlende Summe übernehmen, unter der Bedingung, daß Rolf Bickel absolutes Stillschweigen bewahre.

Da Rolf für seine täglichen Bordellpausen viel Zeit verlor, bot er an, das Versäumte in Überstunden nachzuholen. Bis in die Dämmerung hinein saß er auf seinem Gerüst und arbeitete.

Es war ein warmer Freitagabend Anfang Juli. Die Putzkolonne war längst fort, die Tore des unfertigen Seitentraktes waren geschlossen. Der Pförtner hatte sich in seine Loge begeben, das Licht angeknipst und wartete auf die ersten Konzertbesucher. Irma hatte nach der Arbeit einen kleinen Stadtbummel gemacht, war dann zum Imbiß um die Ecke geschlendert, um sich vier Frikadellen zu holen, und saß nun mit einem Krokantbecher im Eiscafé Napoli. Sie hatte das Operngebäude im Blick, das wie ein gigantisches Untier aus alten Zeiten dalag, umstanden von neu gepflanzten Bäumchen. Als sie das Licht in der Pförtnerkabine aufflammen sah, bezahlte sie hastig und lief hinüber, um keinen der teuren Operngäste zu verpassen. Eine Opernpremiere war feierlich wie eine Hochzeit. Sie war dreizehn, als ihr erster Freund sie in »Così fan tutte« mitnahm. Überwältigt von den gepuderten Perücken und den wie auf Tabletts präsentierten Brüsten der Frauen hatte sie oben auf dem Seitenrang gesessen und den mächtigen Stimmen gelauscht, die in großer Selbstbeherrschung ihre Leidenschaft hinausbrüllten, angefeuert von einem gigantischen Orchester.

Wie sie so am Eingangsportal stand und wartete, und die warme Luft strich ihr über die Haut, vernahm sie ein kreißendes Geräusch, das auf- und abebbte wie Sirenengesang, unterbrochen von rhythmischem Klopfen. Es kam vom geschlossenen Seitentrakt, der wie die Flanke eines dunklen Tieres zwischen den zwerghaften Bäumchen lagerte.

Wer arbeitete da noch so spät? Wie sie wußte, hatten alle Mitarbeiter diesen Teil des Gebäudes längst verlassen. Sie lief dem Geräusch nach – da hing der einsame Klopfer oben an der Außenwand wie an einem Felshang.

Rolf hatte zwei schneckenförmig gerollte Ranken oberhalb eines Rundbogens in Angriff genommen und über dem kreischenden Gesang der Schleifmaschine die Zeit vergessen, als er plötzlich unten am Fuße des Gerüstes eine Gestalt entdeckte, deren Mund sich öffnete und schloß, als rufe sie ihm etwas zu. Er stellte die Maschine ab, nahm den Gehörschutz von den Ohren und lauschte hinunter.

»So spät arbeiten Sie noch?«

»Überstunden«, sagte er wortkarg.

»Es wird dunkel. Sie verderben sich die Augen.«

Er betrachtete sie, wie sie unter der schmiedeeisernen Laterne stand und zu ihm hochschaute: ein sanft beleuchtetes, weiches Gesicht, umstanden von einer strohigen Haarfülle.

Er versuchte, weiterzuarbeiten, aber ihr noch immer zu ihm hochgewandtes Gesicht irritierte ihn. Er mochte nicht, daß man ihn bei der Arbeit beobachtete.

Er ließ die Schleifmaschine aufsirren, sanft glitt sie über die Sandsteinrundungen, doch er konnte sich nicht mehr konzentrieren.

Es war schon spät. In Gottes Namen, er hörte jetzt auf. Er packte sein Handwerkszeug ein, nahm die Staubmaske ab, wischte sich mit dem Ärmel den Schweiß vom Gesicht, schnallte sich frei und kletterte das Gerüst hinunter. Irma stand vor ihm, lächelnd. Sie trug noch immer ihre Putzkleidung: ein enges verwaschenes T-Shirt, das die hübschen Fettpölsterchen zwischen Taille und Büstenhalter modellierte, dazu ein Paar alte Jeans, die sich eng um ihre ansehnlichen

Hüften, ihren runden Bauch und die fülligen Oberschenkel schmiegten. Der oberste Hosenknopf stand offen wie eine Aufforderung. »Ich habe zuviel gegessen«, sagte sie halb kokett, halb verlegen.

Nervös zog er seinen grauen, vom Steinstaub gepuderten Kittel aus. Er spürte, wie ihre wohlgefälligen Blicke über seinen Körper streiften und schließlich unterhalb seiner Gürtelschnalle verweilten, direkt neben dem Reißverschluß seiner Hose, wo sich eine deutliche Schwellung herauszuwölben begann.

Schweigen.

Er rollte seinen Kittel zusammen und stopfte ihn in die Tasche mit dem Werkzeug.

»Ihre Frau wartet sicher schon auf Sie«, sagte Irma schließlich.

»Ich bin nicht verheiratet.«

Das schien sie kühn zu machen: »Drüben der Imbiß verkauft gute Frikadellen. Kommen Sie mit?«

»Ihr Mann wartet auf Sie.«

»Mein Mann«, sagte sie wegwerfend, »der merkt doch gar nicht, wenn ich fort bin.«

Wenn sie doch nicht diese Augen hätte, groß und cognacbraun. Ich muß sie warnen, dachte er. Und dieses Haar, hell und spröd wie frische Brötchen. Ach, er war es so leid, den Frauen angst zu machen.

Als er sich barsch abkehrte, streifte sie seinen nackten Unterarm, ganz zart nur, gar nicht der Rede wert, aber jäh sträubten sich alle seine Haare.

»Wo wohnen Sie?« fragte sie weich.

Nun war es zu spät, sie aufzuklären. »Drüben steht mein Auto.«

Stumm ließ sie sich kutschieren.

Sein Appartement – eine ausgebaute Dachwohnung mit Wintergarten – schaute sie sich nur flüchtig an. Als er die Tasche abgestellt hatte und auf Irma zutrat, drängte sie sich ihm entgegen, als habe sie Jahre nur auf diesen Moment gewartet.

Es war nicht nötig, sie einzustimmen, die schmatzende Nässe ihres Fleisches schlug über ihm zusammen. Das Duett ihrer

Lüste setzte ein, begleitet vom Pochen des Geschlechts und vom Knistern ihrer Herzen. Und schließlich ergoß sich das Crescendo ihrer Wonnen in einen jauchzenden Schlußakkord.

Gesättigt wie ein glückliches Baby ruhte Rolfs Lustorgan in seiner Leiste. Doch Irma mochte nicht warten, bis es sich von selbst wieder entfaltete. Sorgsam hauchte sie ihm Leben ein, und das Spiel begann von neuem. Seine Pranken wisperten die blauen Stränge ihrer Krampfadern entlang, liebkosten die seufzende Fülle ihrer Schenkel, weich öffnete sich ihr saftigsüßes Innere, nahm ihn auf und schaukelte ihn auf den gurgelnden Wellen des Ozeans. So verbrachten sie das Wochenende. Und irgendwann – es war der seligste Augenblick in Rolfs Leben – ließ sich sein kleiner triebhafter Freund nicht mehr von Irmas Küssen wecken, und Rolf flüsterte: »Wir müssen ihm jetzt ein wenig Zeit geben.«

Ihre Liebe blieb natürlich auf der Arbeitsstelle nicht verborgen. Zunächst beobachtete man die zwei mit Sorge. Immerhin schien Rolfs Drang ins Bordell nachgelassen zu haben. Er arbeitete zügig und mit großer Freude, ebenso wie sie. Doch als die Mittagspause kam, bat er den Bauleiter um ein Gespräch unter vier Augen. Und dieser kluge Mann, nichts als das Wohl der Oper im Sinn, sorgte dafür, daß in der Künstlergarderobe ein Bett für die Liebenden aufgestellt wurde. Alle paar Stunden verschwanden Irma und Rolf diskret und kamen einige Zeit später wieder strahlend zum Vorschein. Nicht nur hatte der Bauleiter die Hälfte der Kosten für das Bordell eingespart, sondern zusätzliche Zeit gewonnen, die durch Hin- und Rückwege verlorengegangen war.

Tage später erinnerte sich Irma an Gisbert, mit dem sie ja immerhin verheiratet war. Als sie ihn zu Hause vorfand, unglücklich und verwahrlost, tat er ihr in tiefster Seele leid. Sie setzte sich zu ihm, erzählte ihm von Rolf, der ihr das gebe, was sie all die Jahre bei ihm, Gisbert, vergeblich gesucht habe, und er weinte. Überfließend vor Glück streichelte sie ihm seinen armen verhärteten Körper, so wie sie es vor langer Zeit getan hatte. Und verwirrt überließ er sich ihr und ihren kundigen Händen.

Er beschwerte sich nicht über Rolf, wußte er doch, daß ihn zu dulden seine einzige Chance war.

So können wir nur wünschen, daß Irmas große Liebe zu Rolf und ihre kleine Liebe zu Gisbert noch lange wachbleiben und daß alle drei genießen, was ihnen das Leben unverhofft geschenkt hat.

Übrigens, jetzt wissen Sie auch, warum sich der Wiederaufbau der Alten Oper so lange hingezogen hat.

Doktorspiel

Frau K. geht gern zum Zahnarzt. Sie geht alle halbe Jahre zum Zahnarzt. Sie freut sich, wenn er etwas findet, das gemacht werden muß. Er findet immer etwas. Mal größer, mal kleiner. Manchmal tut es höllisch weh, aber Frau K. ist tapfer. Sie zeigt gern, wie tapfer sie ist, damit der Zahnarzt seine Freude an ihr hat.

Was sie schon alles durchgemacht hat im Leben, aber sie hat sich nicht unterkriegen lassen.

Ihr Zahnarzt ist ein junger Mann, vielleicht ist er auch gar nicht so jung, sondern sieht nur so aus wegen seiner Stoppelfrisur, die Frau K. unmöglich findet oder witzig, je nach Stimmung, und die gar nicht mehr modern ist.

Ihr Zahnarzt schickt seine drei Frauen, bevor er erscheint. Die erste füllt ein Formular aus, die zweite führt Frau K. ins Behandlungszimmer, die dritte breitet ein weißes Gummituch über ihr aus und kippt den Stuhl nach hinten, damit ihr der Zahnarzt direkt in den Schlund schauen kann.

Frau K. muß lange warten, denn der Zahnarzt besitzt drei Behandlungszimmer, zwischen denen er hin- und herflitzt. Er nutzt die Wartezeit nach einer Spritze, um woanders einen Zahn zu füllen. Er geht sinnvoll mit seiner Zeit um. Genau wie Frau K. Während der Braten vor sich hin schmort, stopft sie die Wäsche in die Maschine, saugt sie den Teppich im Flur, reibt sie die Gläser sauber mit einem frischen Geschirrtuch. So wie sie durch die Welt geht und sieht nur Staub, den es wegzuwischen gilt, so sieht der Zahnarzt nur Löcher, die zu stopfen sind. So hat halt jeder seine Weltanschauung, denkt Frau K. zufrieden und betrachtet die Lampe über ihrem Kopf, die genau in ihren Mund strahlen wird.

Draußen knattern die Autos, nebenan sirrt der Bohrer.

Frau K. freut sich auf ihren Zahnarzt. Nur, daß er sich so viel Zeit läßt, bis er zu ihr kommt, das gefällt ihr nicht. Auch wenn sie ein halbes Jahr auf ihn gewartet hat, mag sie jetzt keine drei Minuten auf ihn warten, inzwischen sind es auch mehr als drei Minuten, fünf oder gar sechs, schätzt Frau K., aber endlich kommt er. So jung wie immer, so unverändert freundlich, mit strahlend guten Zähnen, die echt aussehen.

Er kippt den Stuhl noch ein wenig weiter nach hinten, er schaltet die grelle Lampe ein, er betrachtet aufmerksam Zahn um Zahn, nie hat ein Mann ihr soviel Aufmerksamkeit geschenkt wie er, dabei ist sie nicht unansehnlich, etwas bieder gekleidet vielleicht, wie es ihrem Alter entspricht, aber noch gut in Schuß, volles Haar, dicke Brüste, die Beine sind auch nicht schlecht mit den schmalen Fesseln, mit den runden Waden. Doch sieht er leider nichts von ihrem Körper, unter dem weißen Gummituch schauen nur die Schuhspitzen hervor, Wildlederschuhe, im Ausverkauf stark heruntergesetzt, aber Qualität, auf so etwas achtet Frau K.

Also hat der Zahnarzt nichts als ihren Kopf, und auf diesen konzentriert er sich ganz und gar. Auch wenn es in erster Linie um ihre Zähne geht, berührt er doch vieles drumherum, die Lippen vor allem, die er hochzieht, um die Zahnhälse besser betrachten zu können, in denen die Karies wütet. »Sie sind aber sehr empfindlich«, sagt er, als sie zuckt. Sie kann nichts antworten, weil ihr Mund aufgesperrt ist. Wehrlos liegt sie da, seinen Händen ausgeliefert, die an ihr herumfassen, naß läuft es ihr das Kinn hinunter und in den Ausschnitt, seine dritte Frau kommt herbeigelaufen und steckt ihr einen Schlauch in den Mundwinkel, der das Sprühwasser fortsaugen soll. Ein Rinnsal bleibt und fließt weiter in ihren Ausschnitt. Frau K. denkt, Gott sei Dank ist es Sommer und nicht kalt, da ist dieses Bächlein zu ertragen.

Und sie hält geduldig den Mund offen, während der Zahnarzt mit einem Häkchen von Zahn zu Zahn tastet, wie ein Feuerhaken, denkt Frau K., die in der Nachkriegszeit aufgewachsen ist, als man noch mit Holz und Kohle feuerte, wie ein Feuerhaken, nur kleiner, und er findet all die verrotteten Stellen in meinem Gebiß, und er macht mich wie neu, merzt aus, was krank und häßlich und faul ist, mein Atem wird sauber, mein Lächeln reizvoll, da halte ich dieses bißchen Schmerz gerne aus. Mit einer langen, langen Nadel sticht er tief ins Zahnfleisch, oh, so tief, daß sie glaubt, sie erträgt es nicht, bis auf die Knochen sticht er mit seiner feinen, o so langen Nadel, und die Taubheit breitet sich kribbelnd aus, während er hinübergeht ins Nachbarzimmer, um einen Zahn zu füllen, und die Taubheit zieht sich hinauf bis zu den Wangenknochen, bis zu den Schläfen, die eine Hälfte des Mundes ist fühllos, wenn sie darauftappt mit ihrer Hand, die sie unter dem weißen Gummituch hervorholt, wenn sie darauf herumtappt, fühlt sich das wabbelig an, das Lippenfleisch, zart und wabbelig, dann stößt sie auf ihre harten Zähne, die verdeckt sind von diesem zarten Fleisch, keiner sieht, wie hart ihre Zähne sind, wie fest sie zubeißen können, aber bei ihrem Zahnarzt beißt sie nicht zu, sondern öffnet gehorsam ihren Mund, hält ihn gespreizt, damit er überall hin kann mit seinen Fingern, mit seinem dünnen Bohrer, wann kommt er endlich, so lange ist er wieder fort, sie hört Schritte über den Flur, vielleicht ist er das, aber sie kommen nicht herein, die Schritte, doch, jetzt kommen sie, aber es ist nur eine seiner Frauen im weißen Kittel, die herumkramt und etwas sucht, die hinausgeht und die Tür fest hinter sich schließt, so daß Frau K. nichts mehr hören kann von dem Bohren nebenan, nichts von den Schritten, die von Zimmer zu Zimmer wechseln, aber sie hört die Autos rattern und sie schaut genau in die Lampe, die grell über ihr steht.

Wenn sie den Kopf hebt, um ihre Fußspitzen zu betrachten, muß ihr Blick über einen Buckel, den das Gummituch auf ihrem Bauch bildet. Darunter steckt ihre Handtasche, die sie nicht beiseite legen möchte, auch wenn sie ihre noch ansehnliche Figur verformt, von der man ohnehin nicht viel sieht unter dem Gummi. Was wird der Zahnarzt denken, wie sie aussieht mit diesem buckeligen Bauch.

Aber sie muß doch ihre Handtasche immer bei sich tragen, Geld und Hausschlüssel sind darin, einmal hat sie den Hausschlüssel verloren und konnte nicht hinein in ihre Wohnung, sie wohnt ja ganz allein und kennt keinen Menschen, dem sie einen zweiten Schlüssel geben würde, man kann doch keinem trauen heutzutage. Es war ausgerechnet Wochenende, die Handwerker, die sie anrief, waren nicht bereit zu kommen, die meisten waren gar nicht in ihrer Werkstatt und hatten ihren Anrufbeantworter ans Telefon geschickt. So nahm sie sich ein Hotelzimmer für zwei Nächte, bei wem hätte sie sonst schlafen sollen.

Als der Zahnarzt kommt, hat sie ihn fast vergessen. Erst kann sie sich gar nicht richtig freuen. Während er ihr den Mund öffnet und ihn mit einem Tampon gespreizt hält, gewöhnt sie sich wieder an ihn, wie sein Schenkel an ihrer Hüfte lehnt, seine Hand an ihrer Schulter, wie seine Finger die Lippen beiseite ziehen, daß ihr ganz weich zumute wird und sie irgend etwas will, ganz stark, wenn sie nur wüßte was, wie er ihr Gesicht hält, um den Bohrer anzusetzen, erst den dicken, der brummt und breite Löcher gräbt, dann den feinen, der sirrend in die Tiefe dringt, daß sie glaubt, jetzt müsse es furchtbar weh tun, aber es tut nicht weh, die Spritze hält jeden Schmerz fern.

Er hat sie lange warten lassen. Aber nun ist er da und beschäftigt sich mit ihr und fühlt nach ihren Zähnen, ihren Lippen und dreht ihren Kopf am Kinn, bis er richtig liegt, damit er ihr tief in den Schlund schauen kann, all ihre Lücken gibt sie ihm preis, all ihre schwarzen Stellen, ihre Plomben und ihr Gold. Und ihre belegte Zunge kann er betrachten und das Zäpfchen an ihrem Gaumen und den vernarbten Rachen, wo vor Jahren ihre vereiterten Mandeln gesessen haben, wie pervers, denkt sie, daß er so in mich hineinschauen kann, dabei ist er mir fremd, nicht einmal mein Mann hat so in mich hineingeschaut. Er hätte auch gar nicht gewollt. Ich schon. Seit er tot ist, fehlt mir nichts. Merkwürdig, da lebt man vierundzwanzig Jahre mit einem Menschen zusammen, liegt Nacht für Nacht in einem Bett mit ihm, und plötzlich ist er fort, und es fehlt nichts. Irgend etwas haben wir versäumt miteinander. Wenn ich nur wüßte, was. Er hätte tiefer in mich hineinschauen sollen, aber er wollte ja nicht. Vielleicht hätte ich ihn bitten oder drängen sollen.

146

Nun ist es zu spät. Ich habe mich nie gefreut auf ihn, so wie ich mich auf meinen Zahnarzt freue. Mein Mann war nie da, wenn ich ihn brauchte, auch zum Essen kam er immer zu spät, und manchmal kam er gar nicht und trieb sich in den Kneipen herum, und ich mußte los und ihn suchen. Da haben sie alle gelacht, wenn ich kam und nach ihm fragte und haben mir nichts verraten über ihn.

Aber mein Zahnarzt, denkt sie, ist pünktlich da, wenn ich ihn brauche, und er wischt mir das nasse Kinn mit einem Papiertaschentuch, und ich muß scheußlich aussehen, wie mein halb fühlloser Mund lächelt.

Und er zieht ihr den Schlauch heraus und er nimmt ihren Kopf und kratzt die Zementreste von ihrem Zahn mit einem Häkchen.

Wie er den Tampon herausholen will, der in ihrer Backe steckt, wie er mit zwei Fingern hineinfährt, ohne Scheu vor ihrem Speichel und ihrem schlechten Mundgeruch, wie er den Tampon faßt mit diesen Fingern, die in so viele Münder greifen Tag für Tag, wie er den Tampon herausholen will, da beißt sie zu.

Sein Gesicht ist erst ungläubig, dann schmerzverzogen, dann schreit er los. Sie hält ganz fest mit ihren Zähnen. Jetzt endlich hat sie ihn. Sie wird ihn niemals freilassen.

Von Möbeln und Mösen

Der Mann sitzt mit übereinandergeschlagenen Beinen im Sessel, die Arme beidseitig auf die Lehnen gelagert, und läßt seine Fußspitzen wippen. Zwischen den braunen Schnürschuhen und dem hochgeschobenen Hosenbein schaut ein Stück beige Socke hervor. Das Jackett spannt um die Schultern, der Mann scheint einmal schlanker gewesen zu sein. Sein Körper ist bis zu den Fingern hin weich gepolstert, über dem Hosenbund beschreibt der Bauch eine leichte Wölbung.

Im Gegensatz dazu steht die scharfe Silhouette des Profils mit der gebogenen Nase.

Er bietet der Frau, die in einem Stuhl ohne Armlehne sitzt, seine linke Seite, während sie ihm die ganze Front ihres Körpers zeigt.

Sie trägt ihre hellen Haare in einer Lockenfrisur ums Gesicht. Ihre Kleidung ist dezent modisch: schilfgrünes Strickkleid, um die Hüften mit einem breiten Gürtel hochgeschoppt, dazu schwarze, in sich gemusterte Strümpfe und schilfgrüne Ballerinaschuhe.

Beide, der Mann und die Frau, sind nicht mehr ganz jung. Sagen wir, Mitte Vierzig. Die Frau ist geschminkt, grün schimmern die Wimpernspitzen, lachsrosa glänzt der Mund, der sich nur wenig öffnet beim Reden.

Ihr Mann, sagt sie, habe ihre Möse in Öl gemalt und möchte das Bild wie eine Gebirgslandschaft ins Wohnzimmer hängen, direkt über die Polstergarnitur. Sie habe sich das entschieden verbeten. Nicht einmal im Schlafzimmer lasse sie ihre gemalte Möse zu. Immerhin sei es möglich, dass der Heizungsmonteur kommen und einen Blick ins Schlafzimmer werfen könne oder auch nur ein guter Bekannter, der einen

Rundgang durch die Wohnung machen möchte. Ihr Mann habe gekränkt reagiert und werfe ihr Verklemmtheit vor. Nimm dieses Bild als Chance, habe er gesagt, dich zu öffnen und zu deinem Körper zu stehen mit all seinen tabubesetzten Zonen.

Der Mann im Sessel hebt das Kinn. Die Frau schaut auf ihre Knie, während sie spricht.

Ihr Mann, klagt sie, sehe ihre Fortschritte nicht. Schließlich komme sie aus einem streng protestantischen Elternhaus und habe bereits eine Vielzahl von Hemmungen abgeworfen. Der Anblick nackter Körper, sei es in der Sauna oder sommers in der Kiesgrube, kümmere sie kaum noch. Sie betrachte sie genauso beiläufig wie die bekleideten Männer im Einkaufszentrum.

»Als er sie malte«, fragt der Mann, »das hat Ihnen Freude gemacht?«

Sie habe gelesen, sagt sie, zwei langweilige Romane habe sie ausgelesen. Ihr Mann sei ja so pingelig mit seiner Pinselei, jeden Tag habe sie ihm sitzen müssen.

»Und er?« fragt der Mann. »Hatten Sie den Eindruck, das Motiv bereite ihm besonderes Vergnügen?«

Sie zieht eine Augenbraue hoch: Vergnügen? Ihr Mann male vorwiegend Stühle. Kinderstühle, Küchenstühle, Kirchenstühle. Er sei der Meinung, künstlerische Erfahrungen könne er an einem Möbel genauso machen wie an einer Möse. Schau mal, habe er gesagt, wie das Grün zu dem Violett steht. Aber sie habe nur Haut und Haar gesehen.

Der Mann im Sessel hebt das übergeschlagene Bein und setzt es auf dem Boden ab. Sein Gesicht macht eine halbe Drehung, bis es der Frau voll zugewandt ist. Seine Augen liegen flach auf und haben eine helle Farbe ohne Tiefe.

»Ein Porträt«, sagt der Mann, »ein Porträt Ihres Gesichtes würden Sie aufhängen?«

Natürlich, sagt sie ungestüm, das würde sie.

»Ihr Gesicht«, sagt der Mann, »ist wie Ihre Möse ein Körperteil, abgelöst von Rumpf und Armen. Wo ist der Unterschied?«

Das hätte ihr Mann sagen können, sagt sie mit einer grimmi-

149

gen Steilfalte zwischen den Brauen. Ihr Porträt, fährt sie fort, während sie ihr grünes Strickkleid über den Knien streichelt, spiegele ihre Persönlichkeit, sofern es gut getroffen sei. Ihre gemalte und aufgehängte Möse jedoch, überdimensional und fleischig, erinnere sie an ein angreifendes Tier, das mit ihr selbst nicht das Geringste zu tun habe.

»Sie«, fragt der Mann, »greifen nie an?«

Sie hebt die spitzen Schuhe und zeigt ihm die glatten Sohlen.

»Jedenfalls nicht sexuell.«

»Warum nicht?«

Sachte beginnen ihre Schuhe hin und her zu kippeln.

»Ich möchte nichts falsch machen.«

»Was könnte passieren?«

Jäh fallen die Schuhe auf ihre Außenkanten, der Saum des Strickrockes strafft sich über den geöffneten Knien.

»Mein Mann würde schimpfen.«

Sie schaut zwischen den Knien hindurch auf den Teppich.

Ihr Mann sei unzufrieden mit ihrer Sexualität. Er wünsche sie sich sinnlich. Er wünsche, daß sie ihre körperliche Lust ungebremst auslebe. Er wünsche, daß sie sich raffinierter kleide. Er wünsche, daß sie sich weniger um die Meinung anderer schere. Er habe vollkommen recht mit seiner Kritik. Sie sehe ein, daß sie an sich arbeiten müsse, um aus der kindlichen Stufe sexueller Unreife herauszufinden. Ihrem Mann könne sie sich, so wie sie sei, nicht länger zumuten. Deshalb habe sie auch in diese Psychotherapie eingewilligt, die er ihr ans Herz gelegt habe.

»Sie greifen also sexuell nie an ...«

»Nein.«

»Fassen nie nach seinem Schwanz ...«

Sie zupft mit den Zähnen an ihrer Unterlippe.

»Nein.«

»Oder nach einem anderen Körperteil.«

»Nein.«

»Nicht einmal nach seiner Hand?«

Ihre Mundwinkel sinken nach unten.

»Das ist ihm zu unerotisch.«

»Was tun Sie denn?«

Sie legt ihre Hände auf ihre Schenkel.

»Ich warte ab.«

»Worauf warten Sie?«

»Daß mein Mann was tut.«

»Und? Was tut Ihr Mann?«

»Nichts.«

»Nichts?«

»Er wartet ab.«

»Worauf wartet er?«

Ihre Finger geraten in Bewegung, als klopften sie den Takt zu einem Lied.

»Daß ich Lust kriege.«

»Wie berührt er Sie, wenn er Sie berührt?«

Sie schiebt den lachsroten Mund vor, um den sich ein Kranz von Fältchen bildet: »Er faßt allzu schnell und allzu heftig an die falschen Stellen.«

»Was sind Ihre falschen Stellen?«

Sie läßt ihren Blick hochschnellen und gleich wieder fallen.

»Brust und Möse.«

»Wohin sollte er Ihrer Meinung nach fassen?«

»Das ist verschieden.«

»Brust und Möse könnten gelegentlich dabei sein?«

»Unter Umständen schon.«

»Wie müßten diese Umstände sein?«

Ein winziges Grinsen setzt sich in ihrem Mundwinkel fest, während sie wieder mit den Schuhen hin und her kippelt.

»Das verrate ich Ihnen nicht.«

Sie langt nach hinten und umgreift die beiden Stahlrohre, zwischen denen sich der Leinenstoff der Rückenlehne strafft. Der Mann rückt den Sessel zurecht, bis er der Frau seine Vorderseite ganz zuwendet, und schiebt seine Schuhsohlen von sich weg über den Teppichboden, die Fußspitzen nach außen gerichtet. Er faltet die Hände zwischen den Schenkeln.

»Sie müssen nichts sagen, wenn Sie nicht möchten.«

Das Grinsen in ihrem linken Mundwinkel vertieft sich. Sie schaut vor sich auf die Schuhspitze, die kleine und große

Kreise malt. Der Mann knetet seine Hände zwischen den Schenkeln, als seife er sie über dem Waschbecken ein. »Es ist Ihnen peinlich, darüber zu reden?«

Die Frau schiebt sich mit dem Gesäß nach vorne, wobei sie weiterhin mit den Händen die Stahlrohre festhält, und streckt die Beine von sich.

Seine, in den Knien noch ein wenig gekrümmten und ihre geradeaus gestreckten Beine bilden jetzt eine Linie.

Die Frau hebt das Kinn, das sie bislang auf die Brust gesenkt hielt. »Vögeln langweilt mich.« Sein Blick springt plötzlich auf sie zu wie die Augen eines Würfels. Nun bilden nicht nur seine Knie und ihre Fußspitzen, sondern auch ihre Blicke eine Linie. Der Mann und die Frau halten diese Linie eine Weile fest, es scheint schwer, sie wieder zu verlassen.

Der Mann ist der erste, der seine Beine zurückzieht, die Schuhsohlen rutschen mit der ganzen Fläche über den Teppichboden, bis die Beine wieder rechtwinklig geknickt vor dem Sessel aufgestellt sind. Er löst seinen Blick von ihrem Blick und schickt ihn zurück in die Zimmerecke.

»Mein Mann langweilt mich«, sagt die Frau.

Der Mann legt seine Hände ordentlich ineinander: »Er macht alles falsch?«

»Alles.«

»Sie helfen ihm nicht?«

Ein Seufzer quält sich aus ihrer Brust.

»Doch. Aber dann macht er alles richtig.«

»Das ist falsch?«

»Das ist unerotisch.«

»Fühlen Sie sich geliebt?«

Langsam zieht sie die Beine ein, stemmt sich hoch und rutscht auf dem Stuhl nach hinten, bis sie wieder aufrecht sitzt. Die Arme läßt sie links und rechts herabbaumeln, die Hände fächeln wie kleine Schwimmflossen.

»Er hat meine Möse in Öl gemalt, Härchen um Härchen und Fältchen um Fältchen und möchte sie über der Wohnzimmercouch aufhängen, das ist doch Liebe, oder?«

»Er versucht, Ihnen zu helfen.«

»Das sagt er auch«, sagt sie, die Sohlen fest auf den Boden ge-
stemmt. »Darum vögel ich ja mit ihm.«
»Sie tun es nicht gern?«
»Es ist so anstrengend.«
»Was könnte Ihnen gefallen?«
Sie grinst schräg zu ihm hoch: »Möchten Sie das wirklich wis-
sen?«
Er wirft einen Blick auf seine Armbanduhr und verknotet die
Arme vor seiner Brust: »Sie haben noch zwei Minuten.«
Sie lächelt vor sich hin, bis er aufsteht und ihr die Hand reicht:
»Bis nächste Woche um dieselbe Zeit.«
Draußen vorm Haus wartet ihr Mann mit dem Auto.
Als er sie kommen sieht, öffnet er die Beifahrertür. Sie wech-
seln einen Wangenkuß, er fragt: »Wie war's?«
»Wir haben über Mösen diskutiert«, sagt sie. »Ich würde ihm
gern das Porträt meiner Möse schenken, für seine Praxis.«

Liebesmüh

»Nein«, sagt sie, während sie sich den Slip über die Hüften streift, »wie sich unsere Beziehung entwickelt, das gefällt mir nicht.«

Sie schlingt sich den Büstenhalter um den Brustkorb, hält sich die Enden vor die kurzsichtigen Augen und hakt den Verschluß ein.

»Du willst nur mit mir ins Bett«, sagt sie, während sie das Fleisch ihrer Brüste ordentlich in den Halterschalen verteilt, »das reicht mir nicht.« Sie rollt das eine Bein ihrer Strumpfhose zusammen und versucht balancierend, Zehen und Ferse im Fußteil unterzubringen. Sobald das gelungen ist, setzt sie den Fuß flach ab und zieht die Strumpfhose straff bis zum Schritt hinauf.

»Früher war das anders«, sagt sie, während sie in das zweite Strumpfbein steigt, »früher kamst du einfach zum Kaffeetrinken. Nur um mich zu sehen. Und wenn ich keine Lust auf Sex hatte, bliebst du trotzdem und wir gingen ins Kino oder spazieren. Weißt du noch, die Foto-Ausstellung? Wie wir hinterher am Fluß entlangschlenderten, innig umarmt? Das war doch sehr schön, oder?«

Sie hält das Taillengummi ihres Strickrockes mit beiden Händen auseinander, um bequemer in die Öffnung einsteigen zu können. Mit kleinen Hüftbewegungen hilft sie den Händen, das enge Gummi über die Breite des Beckens hinaufzuschieben, bis es an seinem Platz in der schmalen Körpermitte zusammenschnurrt.

»Das Merkwürdige ist«, fährt sie fort, »ich fühle mich noch immer geliebt, wenn wir miteinander schlafen. Aber nur dann. Da bist du so zart, so einfühlsam. Du drängst mich nicht, läßt mich kommen – es könnte mir gutgehen mit dir.«

Sie zieht ihr Hemdchen über den Kopf, schlüpft mit den Armen durch die Träger, stopft das untere Hemdende ins Rockgummi und glättet mit der flachen Hand nach, damit sich keine Falten abzeichnen.

»Ich weiß, du hast viel Arbeit. Wir haben alle viel Arbeit. Aber früher nahmst du dir mehr Zeit für mich. Und wenn du wirklich keinen Termin für mich zustande brachtest, hast du mich angerufen, hast mir geschrieben. Zärtliche Worte, die mir das Warten erleichterten.«

Sie kriecht in ihren Pullover, erst mit den Armen, dann mit dem Kopf. Kaum hat er sich straffblond durch die enge obere Öffnung geschoben, fährt sie schon mit gespreizten Fingern durchs Haar, um es zu lockern. »Vielleicht gehst du fremd, keine Ahnung. Manchmal frage ich mich, ob wir überhaupt noch zusammen sind. Oder ob du inzwischen Ehefrau und Kind hast. Das ist kein Witz. Vielleicht hast du dir ein geheimes Privateckchen zugelegt oder eine riesige Privatecke, wie viele Männer. Die gehen in den Puff. Haben eine Geliebte oder zwei. Haben Kinder, von denen keine Hauptfrau was wissen darf. Vielleicht bin ich inzwischen nicht mal mehr Hauptfrau und weiß es nicht. Vielleicht bin ich nur noch eine kleine Sexaffäre?« Sie kichert in sich hinein. »Ich weiß nichts über dich. Du erzählst ja nichts. Gibst kein Gefühl, keine Gedanken preis. Ich kenne keinen Menschen so wenig wie dich. Das kann man doch nicht Liebesbeziehung nennen, oder?« Sie klemmt sich ihre Clips in die Ohren, zieht einen Spiegel aus ihrer Handtasche, betrachtet sich, ordnet die Locken über ihrer Stirn, wischt sich mit dem Zeigefinger Mascaraflecken von der Wange. »Wir hätten zusammenziehen sollen. Du traust mir nicht, stimmt's? Vielleicht hast du recht.« Sie setzt die Brille auf, schlüpft in die Schuhe. »Ja, ich bin gleich weg. Ich spüre doch, wie du daliegst und hoffst, daß ich endlich fertig bin mit meinem Vortrag. Warum sagst du nichts? Läßt dich mein Gerede wirklich völlig kalt? Ja, ich habe dich geliebt. Ich weiß nicht, ob dir das klar ist. Vielleicht liebe ich dich noch. Wenn das Liebe ist, daß ich dauernd auf dich einrede, um irgendeine Antwort zu kriegen und wenn es eine Haßtirade ist.

Du haßt mich doch, oder? Du haßt mich, wie ich vor dir stehe und auf dich einquatsche. Haßt du mich? Antworte. Du liegst da und regst dich nicht. Ja, ich weiß, ich sollte jetzt gehen. Sag mir wenigstens, daß ich gehen soll. Warum sagst du nichts? Schrei mich an, das ist besser als blöde auf deinem Doppelbett zu liegen und in die Gegend zu glotzen. Du hast ja einen Knall. Du bist ja gefühlsgestört. Neurotisch. Bekloppt. Läßt mich quatschen und quatschen. Gibst keine Antwort. Vergebliche Liebesmüh. Zeitvergeudung. Das war's dann wohl. War's das? Sag mir wenigstens, daß es das war. Was ist, wo willst du hin? Aber ich liebe dich doch!«

Doris Lerche
19 Gründe, warum ein Mann
Roman **mit einer Frau schläft**

159 Seiten. RBL 1724. € 8,50

ISBN 3-379-01724-8

Nach ihrem großen Erfolg *21 Gründe, warum eine Frau mit einem Mann schläft* wartet die Autorin mit neuen Szenen aus dem Alltags- und Liebesleben ihrer Paare auf. Diesmal nimmt sie besonders den Mann unter die Lupe: den schüchternen Yuppie, den harmlos-lüsternen Büroangestellten, den melancholisch-zynischen Geschäftsmann, den unglücklich begehrenden Ehemann und den Callboy mit Helfersyndrom.

»Witzig, leicht, voller Humor und doch kompakt und tiefgründig. Ein schöner Beitrag zum ganz normalen Chaos der Liebe.«

Listen

»Die Autorin lässt ihrer frivolen und amüsanten Fabulierkunst freien Lauf und erfindet Begebenheiten, die die Lachmuskeln in Bewegung setzen, einem die Haare zu Berge stehen und das Herz mitfühlend schlagen lassen.«

BücherPick

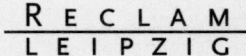

R E C L A M
L E I P Z I G

Sabine Alt
Roman **Kira Royale**

424 Seiten. RBL 20003. € 9,50

ISBN 3-379-20003-4

Kira Bruckner, Seelenärztin der Berliner Schickeria, gerät selbst in Seelennot. Bevor es im Hotel Adlon zu einem filmreifen Finale kommt, entwickelt sich eine Geschichte, in der auf nichts und niemanden mehr Verlass ist:

Ein Frauenheld will heiraten – aber nur einen Mann. Eine berüchtigte Klatschkolumnistin zieht alle Register weiblicher Rache. Drei Minderjährige veranstalten eine nächtliche Orgie im KaDeWe. Eine Operndiva beschließt, ihrem adligen Pudel in den Tod zu folgen. Ein Dichterfürst mit Ladehemmung entwickelt eine Vorliebe für Milch. Eine energische Kommissarin legt ihren Dermatologen flach. Die Tochter des Innensenators beginnt eine Affäre mit der Kultursenatorin.

Eine Satire auf die Berliner Spaßgesellschaft – schrill, schräg, unmoralisch!

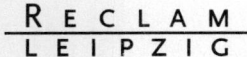

RECLAM
LEIPZIG